La necesidad como *ultima ratio* en el conjunto del ordenamiento jurídico

La necesidad como *ultima ratio* en el conjunto del ordenamiento jurídico

Jesús-María Silva Sánchez

Atelier
LIBROS JURÍDICOS

Colección: Justicia Penal

Director: Prof. Dr. Dr. h. c. mult. Ricardo Robles Planas
Catedrático de Derecho penal
Universidad Pompeu Fabra

Este libro ha sido sometido a un riguroso proceso de revisión por pares.

© 2025 Jesús-María Silva Sánchez
© 2025 Atelier
     Santa Dorotea 8, 08004 Barcelona
     e-mail: editorial@atelierlibros.es
     www.atelierlibros.es
     Tel.: 93 295 45 60

I.S.B.N.: 979-13-87867-58-4
Depósito legal: B 17564-2025

Impresión: Podiprint

A mi maestro Santiago Mir Puig (1947-2020)

SUMARIO

«In extrema necessitate omnia sunt communia»[1]

«Tunc enim debet cessare privilegium, cum imminet Reipublicae necessitas, vel periculum, argumento»[2]

«Salus populi suprema lex esto»[3]

---

1. *Tomás de Aquino*, Suma Teológica, II-II, c. 66, a. 7.
2. *J. de Socarrats*, Commentaria, *(In tractatum Petri Alberti, canonici barchinonensis, de consuetudinibus Cathaloniae inter dominos et vasallos ac nonnullis aliis, quae Commemorationes Petri Alberti appellantur, doctissima ac locupletissima commentaria)*, 1551, p. 398.
3. *Cicerón*, De legibus, III, III, VIII.

Foto: Miquel Coll

Nota previa

Este texto coincide sustancialmente con mi discurso de ingreso como miembro de número en la Academia de Jurisprudencia y Legislación de Cataluña. La sesión en la que se pronunció el discurso tuvo lugar el 30 de junio de 2025 y, en su virtud, pasé a ostentar la medalla «Joan de Socarrats», que lleva el nombre del jurisconsulto catalán del siglo xv. Es la medalla que, hasta su fallecimiento, llevó Juan Córdoba Roda (1934-2020), a quien sucedo en la ocupación de la correspondiente silla.

ABREVIATURAS

ADPCP	Anuario de Derecho penal y Ciencias penales
AFDUAM	Anuario de la Facultad de Derecho de la Universidad Autónoma de Madrid
ARWP	Archiv für Rechts- und Wirtschaftsphilosophie
CE	Constitución española
CEDH	Convenio Europeo de Derechos Humanos
CL&Phil	Criminal Law & Philosophy
EPC	Estudios Penales y Criminológicos
J Med Ethics	Journal of Medical Ethics
JRE	Jahrbuch für Recht und Ethik
JZ	Juristenzeitung
L&Ph	Law and Philosophy
Michigan St. L.R.	Michigan State Law Review
OJLS	Oxford Journal of Legal Studies
RabelsZ	Rabels Zeitschrift für ausländisches und internationales Privatrecht
RAP	Revista de Administración Pública
RECPC:	Revista Electrónica de Ciencia Penal y Criminología
REDConst	Revista Española de Derecho Constitucional
RP	Revista Penal
San Diego L.R.	San Diego Law Review

STEDH	Sentencia del Tribunal Europeo de Derechos Humanos
STJUE	Sentencia del Tribunal de Justicia de la Unión Europea
TEDH	Tribunal Europeo de Derechos Humanos
TFUE	Tratado de Funcionamiento de la Unión Europea
UNED.TRC	Teoría y Realidad Constitucional. Revista de la UNED
Yale L. J.	Yale law Journal
ZIS	Zeitschrift für Internationale Strafrechtsdogmatik
ZRph	Zeitschrift für Rechtsphilosophie
ZStW:	Zeitschrift für die gesamte Strafrechtswissenschaft

I.

La necesidad y su «ley»

1. Situaciones de necesidad

En 1905, el buque de vapor Reynolds estaba atracado, descargando mercancías en un puerto del Lago Superior, cuando se desató una fuerte tormenta. Enseguida finalizó la descarga, pero con ello caducó también el permiso de amarre, de modo que el buque tenía que zarpar. No obstante, el capitán ordenó a la tripulación que mantuviera el barco amarrado. Entonces, el viento y las aguas provocaron reiterados impactos del buque contra el muelle, que sufrió daños de consideración. El capitán justificó su orden en la necesidad de evitar que la tormenta atrapara al navío fuera del puerto, lo que habría provocado su naufragio.[4]

Entre diciembre de 2001 y abril de 2003, de modo coetáneo al denominado «corralito», el gobierno de la República Argentina adoptó una serie de medidas financieras que resultaron gravemente perjudiciales para diversas empresas extranjeras. Estas habían invertido en el país con

---

4. *Vincent v. Lake Erie Transp. Co.,* 109 Minn. 456, 124 N.W. 221.

ocasión de las privatizaciones de infraestructuras y servicios públicos acaecidas en los años noventa del pasado siglo. Por su parte, el gobierno argentino justificó su violación de los tratados bilaterales de inversión con el argumento de que ello había sido necesario para hacer frente a problemas fundamentales de orden público derivados de la crisis económica que se había desatado el año 2000.[5]

En 1889, en el curso de una huelga de mineros acontecida en Waldenburg (Baja Silesia), se produjeron excesos violentos contra las personas y la propiedad. Para rebajar la tensión generalizada existente en la región, la autoridad policial prohibió la venta al por menor de aguardiente en tiendas y cantinas. Esta resolución fue luego confirmada por el Tribunal Supremo Administrativo de Prusia.[6]

En los años de la pandemia del COVID-19, los responsables de una residencia geriátrica plantearon la posibilidad de que una anciana, ingresada en ella, fuera vacunada contra la enfermedad. Sin embargo, ella no era capaz de decidir sobre tal vacunación, dado que padecía la enfermedad de Alzheimer. Por su parte, su hijo y tutor legal se opuso a que fuera vacunada. Así las cosas, los gestores de la residencia geriátrica recurrieron a la autoridad judicial. Esta ordenó la vacunación, no por razones de salud

---

5. *C. Binder*, Die Grenzen der Vertragstreue im Völkerrecht – am Beispiel der nachträglichen Änderung der Umstände, 2013, p. 376.

6. El denominado *«Waldenburg Erkenntnis»*: resolución del *Preußischer Oberverwaltungsgericht* de 5 de noviembre de 1890, citado *apud T. Barczak*, Der Notstand im Recht der Gefahrenabwehr, Die Verwaltung 49 (2016), pp. 157 ss., 161-162. Este mismo autor alude al caso de 2012, en el que la policía de Hamburgo, con ocasión de un partido de fútbol de alto riesgo, prohibió la venta de entradas al estadio a los seguidores del equipo visitante, argumentando la necesidad de evitar una situación grave para el orden público; la juridicidad de la decisión fue avalada por la jurisdicción contencioso-administrativa.

pública, sino ponderando los riesgos y los beneficios sanitarios de la vacuna para la propia persona, y tomando además en consideración que ello permitía que la anciana no estuviera aislada del resto de los residentes. Tal decisión fue avalada en 2023 por el Tribunal Constitucional español.[7]

Todos estos casos, de los que entendieron respectivamente la jurisdicción civil norteamericana, las cortes internacionales de arbitraje, la jurisdicción administrativa alemana y el tribunal constitucional español, dan cuenta de que el estado de necesidad plantea un problema general al ordenamiento jurídico del Estado; desde luego, no es únicamente un problema del Derecho penal.[8] De hecho, el brocardo «la necesidad no tiene ley, sino que ella misma se hace ley» (*necessitas non habet legem, sed ipsa sibi facit legem*) —o, en otras formulaciones: «lo que no es lícito en la ley, la necesidad lo hace lícito» (*quod non est licitum in lege, necessitas licitum facit*)—[9] procede del Derecho canónico.[10] En concreto, del Decreto de Graciano,[11] en cuyo ámbito sentaba la base para el establecimiento de excepciones a las reglas generales de dispensación del sacramen-

---

7. En la STC 38/2023, de 20 de abril.

8. *T. Barczack*, Die Verwaltung 49 (2016), p. 157; *T. Seidel*, Verantwortlichkeit Nichtverantwortlicher. Terminologie, Systematik und Legitimation des gefahrenabwehrrechtlichen Notstandsinstituts, 2023, p. 10.

9. *J. Le Mauff*, Un cas d'appropriation temporelle d'une doctrine canonique: l'argument de la necessitas comme justification de l'exception en matière fiscale, Le Moyen Age CXXVI (2020/1), pp. 83 ss., 86. Una variante del brocardo, que desde luego no coincide con el sentido de los enunciados anteriores, reza: «*necessitas excusat*».

10. *F. Roumy*, L'origine et la diffusion de l'adage canonique Necessitas non habet legem (viiie-xiiie s.), en: W.P. Müller/ M.E. Sommar (eds.), Medieval Church Law and the Origins of the Western Legal Tradition. A Tribute to Kenneth Pennington, 2006, pp. 301 ss.

11. *Decretum Gratiani* (1140-1142), 3, De consecratione, Dist. i, c. 11, 2, Causa 1, Questio 1, c. 39.

to de la penitencia, de la unción de los enfermos o a diversas normas litúrgicas, como las relativas al lugar de celebración de la Santa Misa. Ahora bien, la máxima fue acogida enseguida por las monarquías y, luego, en el Derecho de los Estados modernos. Así, en francés se difundió, entre otras, la expresión «*Besoin ou nécessité et volonté de roi n´ont loi*» y, en alemán, la de «*Not kennt kein Gebot*».

2. LA LEY DE LA NECESIDAD COMO «EXCEPCIÓN»: SUS DOS DIMENSIONES

Del brocardo canónico se ha derivado la construcción, en el Derecho público, de dos doctrinas acerca de la necesidad: la jurídica y la fáctica.[12] En efecto, en principio cabría afirmar que en el marco de un Estado de Derecho no es posible que una situación de necesidad carezca de toda ley.[13] Por eso, en realidad, en la mayoría de los casos nunca se ha tratado exactamente de que «la necesidad no tenga ley», ni tampoco de que «la necesidad se haga a sí misma ley». Más bien, la llamada «ley de la necesidad» ha tendido a aparecer como una excepción interna, integrada en el marco del propio sistema jurídico general. Precisamente, su justificación se hallaría en el hecho de que, en las circunstancias concretas, atender a la necesidad responde exactamente al mismo *telos* que aplicar la ley general.

---

12. *V. Álvarez García*, El concepto de necesidad en Derecho Público, 1996; *el mismo*, Los fundamentos del derecho de necesidad en tiempos de la Covid-19, UNED.TRC 48 (2021), pp. 297 ss., 300 ss.
13. *St. Kadelbach*, Menschenrechte in Zeiten des Notstands, en: Donath/Heger/Malkmus/Bayrak (Hrsg.), Der Schutz des Individuums durch das Recht. Festschrift für Rainer Hofmann zum 70. Geburtstag, 2023, pp. 255 ss., 265, para el caso extremo del estado de necesidad del CEDH: «El estado de necesidad es parte del Derecho».

Para ello, es preciso partir de que la ley general está en principio orientada al bien común. Ahora bien, existen casos concretos —excepciones— en los que la consecución del bien común permite o requiere precisamente separarse de la ley general.[14] Así pues, la necesidad genera una regla distinta, una «ley de urgencia o de excepción». Sin embargo, la aplicación de esta requiere que, en última instancia, su legitimación se pueda reconducir a los fundamentos últimos de la ley general.[15] En definitiva, al bien común.

Con todo, lo anterior no implica negar la existencia del «caso límite», que viene dado por una situación de peligro existencial para el Estado. En tal situación, la gran pregunta es si la excepción drástica soporta su sometimiento a un «Derecho de excepción» —de modo que el Derecho constitucional abarque tanto la normalidad como la excepción—. O si, por el contrario, ante tal peligro existencial no hay Derecho que valga, sino que habrá que concluir, ahora sí, que *necessitas non habet legem*, porque *inter armas silent*

---

14. *Tomás de Aquino*, Suma Teológica I-II, c. 96 a. 6: «*omnis lex ordinatur ad communem hominum salutem, et intantum obtinet vim et rationem legis; secundum vero quod ab hoc deficit, virtutem obligandi non habet*». Por lo tanto, «*si emergat casus in quo observatio talis legis sit damnosa communi saluti, non est observanda*». Ciertamente, «*tamen hoc est considerandum, quod si observatio legis secundum verba non habeat subitum periculum, cui oportet statim occurri, non pertinet ad quemlibet ut interpretetur quid sit utile civitati et quid inutile, sed hoc solum pertinet ad principes, qui propter huiusmodi casus habent auctoritatem in legibus dispensandi*». Ahora bien, «*si vero sit subitum periculum, non patiens tantam moram ut ad superiorem recurri possit, ipsa necessitas dispensationem habet annexam, quia necessitas non subditur legi*».

15. *J. Kohler*, Not kennt kein Gebot: die Theorie des Notrechtes und die Ereignisse unserer Zeit, 1915; *el mismo*, Das Notrecht, ARWP 8 (1915), pp. 411 ss., 427.

leges, de modo que, en definitiva, *salus populi suprema lex esto.*[16]

Sea como fuere, aunque no se llegue al caso límite, la ley excepcional de la necesidad constituye siempre un último recurso, una *ultima ratio*. Esto significa que solo puede aplicarse para la neutralización de riesgos inminentes y graves, que el sujeto amenazado no tiene el deber de soportar —por ejemplo, por haberlos provocado o tener el deber especial de conjurarlos—, que no pueden neutralizarse a costa de quien los generó, ni tampoco mediante el recurso a otros medios menos lesivos que el de afectar a un tercero inocente. Además, la injerencia sobre este último tiene que ser proporcionada y exigible. Precisamente por el mencionado carácter de *ultima ratio*, los elementos de la ley de la necesidad, tanto privada como pública, que determinan la licitud de la conducta necesaria, deberían ser establecidos mediante una ley formal suficientemente taxativa. En lo que hace a la necesidad pública, es usual que su previsión legal se centre en los requisitos competenciales-orgánicos y procedimentales de su apreciación. En algunos casos, entre ellos se cuenta el control judicial *ex ante*. Así pues, una vez fijados sus presupuestos en la ley, caben tres posibilidades: (i) que la necesidad pública se aprecie en el curso de un procedimiento que comprenda incluso la autorización judicial de la actuación; (ii) que se aprecie en el marco de un procedimiento administrativo, con revisión judicial *ex post*; o, en fin (iii), que la hipotética necesidad pública se aprecie *de facto* y solo se enjuicie *a posteriori*. En cambio, como habrá ocasión de comprobar, con frecuencia existen déficits de regulación sustantiva.

---

16. Aquí quedan al margen los casos de legítima defensa del Estado frente a un agresor externo (un enemigo), en el marco de una guerra declarada.

Así las cosas, la noción de necesidad ha pasado a ser omnipresente en los sistemas jurídicos, ya se contemple como una «necesidad privada» (de un sujeto particular)[17] o como una «necesidad pública» (estado de necesidad policial, gestionado por una autoridad o funcionario público) o, en fin, como la «necesidad de la comunidad política o del Estado» en su conjunto (es decir, un estado de necesidad del Estado, entendido en sentido estricto). La situación de necesidad privada ha planteado cuestiones al Derecho civil de daños y al Derecho penal. Por su parte, la necesidad pública les ha generado problemas al Derecho administrativo y al constitucional.[18] Igualmente, la «ley de la necesidad» tiene muy diversas manifestaciones en el Derecho internacional. Así, es fácil advertirla en el Derecho de la responsabilidad de los Estados por el incumplimiento de sus obligaciones internacionales,[19] en el Derecho internacional humanitario,[20] en el Derecho internacional penal y en el de los derechos humanos. Aquí, de nuevo, el caso límite, que contemplan los convenios internacionales de derechos humanos, es el «estado de necesidad del Estado», es decir, aquella situación de necesidad pública en la que es preciso actuar para evitar la desaparición de la propia comunidad política.

---

17. Esto es una simplificación, pues también cabe que un sujeto particular actúe en estado de necesidad para proteger un interés público.

18. También opera en el ámbito de las obligaciones contractuales de las personas. Así, el principio *pacta sunt servanda* cede, de modo que cabe resolver, por ejemplo, un contrato de arrendamiento por «necesidad personal o familiar» del arrendador (art. 9.3 de la Ley 29/1994, de 24 de noviembre, de Arrendamientos Urbanos). Por otro lado, algunas infracciones de la legislación de arrendamientos (y vulneraciones del contrato) por parte del arrendatario también pueden justificarse por estado de necesidad.

19. Draft Articles on Responsibility of States for Internationally Wrongful Acts, with commentaries, International Law Commission, U.N. Doc. A/56/10 (2001).

20. Por ejemplo, *J.D. Ohlin/L. May*, Necessity in International Law, 2016.

II.

LA CUESTIÓN DE LA PROPIEDAD PRIVADA

1. LA APROPIACIÓN DE UN BIEN AJENO EN CASOS DE NECESIDAD PARTICULAR

1.1. El fundamento de su licitud

En la concepción cristiana de la propiedad la aparición de una situación de necesidad siempre ha desempeñado un papel decisivo, hasta el punto de que el postulado permanente ha sido el de que «todas las cosas son comunes en caso de necesidad» —*in necessitate omnia sunt communia*—. En este sentido, ya Santo Tomás de Aquino señalaba: «Si la necesidad es tan evidente y urgente que resulte manifiesta la premura de socorrer la inminente necesidad con aquello que se tenga, como cuando amenaza peligro a la persona y no puede ser socorrida de otro modo, entonces puede cualquiera lícitamente satisfacer su necesidad con las cosas ajenas, sustrayéndolas, ya manifiesta, ya ocultamente. Y esto no tiene propiamente razón de hurto ni de rapiña».[21] Como resulta patente, de este modo se sostiene en particular la licitud de la comisión de un *furtum famelicum*. En efecto, el fundamento de la justificación del hurto famélico es que, cuando surge la situación de necesidad vital, se suspende temporalmente el orden de los bienes, resurgiendo una comunidad de bienes, como la que existía entre los seres humanos antes de la caída en el pecado original. A este respecto, no es posible ignorar que en la tradición católica se atribuye a este pecado el origen de la propiedad privada.

Pues bien, la doctrina del hurto famélico ha venido subsistiendo, en términos más o menos amplios, hasta nuestros días. Ciertamente, no siempre apelando al fundamento del bien común político, sino con frecuencia sobre una base contractualista. Así, por ejemplo, a partir de esta última, el filósofo idealista alemán Johann Gottlieb Fichte fundamentó de modo drástico un derecho de necesidad a la apropiación de un bien ajeno en los términos de la conocida como «doctrina de la exención».[22] En efecto, el núcleo de esta radica en que la aparición de una situación de miseria —en la que un ciudadano no puede vivir de su propio trabajo— determina la pérdida de vigencia del contrato social.[23] En consecuencia, el sujeto afectado por aquella situación queda exento de toda legislación y no está

---

21. *Tomás de Aquino*, Suma Teológica, II-II, c. 66, a. 7. Al respecto, *J. Pereda*, El hurto famélico o necesario, ADPCP 1964, pp. 5 ss.; *J. Renzikowski*, Solidarität in Notsituationen. Ein historischer Überblick von Thomas v. Aquin bis Hegel, en: von Hirsch/Neumann/Seelmann (eds.), Solidarität im Strafrecht, 2013, pp. 13 ss., 16 ss.

22. *J. G. Fichte*, Grundlage des Naturrechts, 2. Theil, 1797, p. 30; *J. Renzikowski* (2013), pp. 25 ss.

23. Sobre ello, *J. Renzikowski*, Entschuldigung im Notstand, JRE 11 (2003), pp. 269 ss., 280.

obligado a respetar la propiedad ajena, que en realidad pasa a ser suya.

En términos no muy distintos, la jurisprudencia española contemporánea —tanto en el marco del Código anterior a 1995 como en el del art. 20.5° del Código penal vigente—[24] ha señalado que concurre hurto necesario, miserable o famélico «en aquellos casos en los que se toman los bienes ajenos, sin la voluntad de su dueño, para subvenir a las más primarias y perentorias necesidades humanas, tales como alimentación, vestido, habitación y asistencia médico-farmacéutica y en los que no se halla en conflicto, como sostenía la doctrina tomista, la vida o la propia supervivencia, con la propiedad de bienes ajenos, pero sí, por lo menos, entran en pugna los sufrimientos que el hambre, la desnudez, la intemperie o la enfermedad desatendida deparan al ser humano, con el respeto a la propiedad de los bienes ajenos».[25] En todos estos casos, el apoderamiento de los bienes ajenos puede ser lícito. Sin embargo, para que lo sea resulta preciso que la conducta respete el principio de subsidiariedad, una de cuyas especificaciones viene dada por la «primacía» de los procedimientos o de las vías institucionalizadas. En efecto, no puede apoderarse lícitamente de la propiedad ajena quien puede alimentarse, vestirse o tener cobijo recurriendo a

---

24. Conforme a este, se halla exento de responsabilidad criminal: «El que, en estado de necesidad, para evitar un mal propio o ajeno lesione un bien jurídico de otra persona o infrinja un deber, siempre que concurran los siguientes requisitos:

Primero. Que el mal causado no sea mayor que el que se trate de evitar.

Segundo. Que la situación de necesidad no haya sido provocada intencionadamente por el sujeto.

Tercero. Que el necesitado no tenga, por su oficio o cargo, obligación de sacrificarse».

25. STS de 21 de enero de 1986, ponente Vivas Marzal.

medios familiares o vecinales, o bien a las instituciones públicas de asistencia social. Por lo demás, y en estos términos, la necesidad privada de afectar a la propiedad ajena no solo justifica a quienes lo hacen para salvar la vida u otros bienes personalísimos, sino también a quienes pretenden salvar un bien patrimonial relevantemente mayor. De hecho, este caso se contemplaba ya en las fuentes romanas que aludían a la licitud de la conducta consistente en arrojar por la borda la carga del navío para salvar el barco —en la *lex Rhodia de iactu*—.[26]

En la actualidad, más que a propósito del hurto famélico, la relación entre el derecho de propiedad y el estado de necesidad de un particular se ha planteado a propósito de las usurpaciones no violentas ni intimidatorias de inmuebles ajenos (art. 245.2 CP).[27] Desde luego, no cabe negar que el estado de necesidad puede justificar la entrada en un inmueble de propiedad ajena. De hecho, el caso académico del que se sirven los filósofos del Derecho para discutir sobre el estado de necesidad —el conocido como «*Cabin Case*»— versa sobre el tratamiento de la conducta del montañero que, para escapar a las consecuencias de una tempestad de nieve, entra en una cabaña ajena.[28] Sin embargo, resulta más que dudoso que los casos de ocupación de viviendas o edificios que centran la atención pública en los últimos años respondan a esta estructura. En efecto, en ellos se da una voluntad de permanencia incompatible con la pretensión de afrontar una situación aguda

26. *J. Kohler*, ARWP 8 (1915), p. 428.
27. A favor, *N. Mirapeix Lacasa*, Las ocupaciones de inmuebles por motivos de necesidad, RECPC 2018, 1 ss.; en contra, con razón, *I. Coca Vila*, Ocupación pacífica de vivienda en estado de necesidad, Libro Homenaje al Profesor Reyes Echandía, 2022, pp. 551 ss.
28. *J. Feinberg*, Voluntary Euthanasia and the Inalienable Right to Life, Philosophy and Public Affairs 7 (1978), pp. 93 ss., 102.

de riesgo. Por lo demás, en esta materia se supone que existen soluciones en forma de procedimientos institucionalizados, que en virtud del principo de subsidiariedad deben ser adoptadas antes de recurrir a la afectación de bienes ajenos. Con todo, esta cuestión suscita el problema de las «situaciones permanentes de riesgo» (la carencia de una vivienda digna, por ejemplo), que, cuando se extienden a una extensa capa de la población, dan cuenta del déficit de las políticas públicas existentes en el ámbito del que se trate. En efecto, cuando una necesidad particular se generaliza en cuanto al número de los afectados y se prolonga en el tiempo, se convierte en una necesidad pública. Por eso, la cuestión debe ser afrontada más adelante.

1.2. El rechazo de la licitud abstracta de la conducta

Pese a lo indicado hasta aquí, la licitud general de la conducta de apoderamiento de cosas ajenas por razón de urgente necesidad no ha sido admitida por todo el mundo. Nada menos que Immanuel Kant se manifestó en contra, recurriendo a una famosa formulación paradójica, al afirmar que ciertamente «*Noth kennt kein Gebot*», pero que, del mismo modo, «*es kann keine Noth geben, welche, was unrecht ist, gesetzmäßig machte*».[29] En efecto, a su juicio la necesidad no puede convertir un hecho antijurídico en conforme a la ley. Por el contrario, a partir de la vigencia incondicionada de los derechos subjetivos —de la noción actual de separación de esferas—, toda lesión de bienes de un tercero —incluida paradigmáticamente, la propiedad—

---

29.   *I. Kant*, Die Metaphysik der Sitten, 2. edic., 1798, Metaphysische Anfangs-gründe der Rechtslehre, p. XLII: «*Der Sinnspruch des Nothrechts heißt:˃Noth hat kein Gebot (necessitas non habet legem)˂; und gleichwohl kann es keine Noth geben, welche, was unrecht ist, gesetzmäßig machte*».

es antijurídica y nada puede justificarla. Por lo tanto, en el marco de su concepto abstracto de Derecho, debe estar categóricamente prohibida. Así pues, la lesión de bienes ajenos, aunque responda a la necesidad de recurrir a ellos para salvar bienes intrínsecos propios —incluso la vida— es antijurídica.[30]

En efecto, Kant asociaba el estado de necesidad de uno con la solidaridad de otro y no admitía la existencia de deberes jurídicos de solidaridad. Por el contrario, consideraba que la obligación de socorrer a terceros en situación de peligro grave pertenece únicamente al ámbito de la moral. Así pretendía separar las dimensiones objetivo-general y subjetivo-individual del Derecho. Con tal fin, distinguió entre el plano de la ley jurídica general —que es el de la razón— y el de la sentencia del tribunal, en el que prevalecen las consideraciones relativas al caso.[31] A su juicio, desde esta perspectiva concreta, en la que se ejerce la equidad —*aequitas*— integrada con elementos de compasión o de indulgencia, la conducta del necesitado es conforme a Derecho. Expresado de otro modo, ciertamente tal conducta es antijurídica, pero la sanción del agente no resulta equitativa. En definitiva, Kant admite la impunidad en el caso concreto de quien causa la muerte para salvar su vida —así, en el supuesto de la *tabula unius capax,* o tabla de Carnéades— y, *a fortiori*, en el de quien lesiona la propiedad ajena para salvar la propia vida. Así, su posi-

---

30. *K. Kühl*, Freiheit und Solidarität bei den Notrechten, Festschrift f. H.J. Hirsch, 1999, pp. 259 ss., 265; *W. Küper*, Immanuel Kant und das Brett des Karneades, 1999, pp. 10 ss., 49 ss. En cambio, G. *Helmers*, Möglichkeit und Inhalt eines Notstandrechts, 2016, pp. 137 ss., 142-144, 154, sostiene que Kant sí reconoció algunos derechos de necesidad, relativos al uso de la cosa ajena.
31. *I. Kant*, Metaphysik der Sitten, 2. edic, 1798, Metaphysische Anfangsgründe der Rechtslehre, p. XLI, añade que «esta impunidad subjetiva es confundida por los juristas con una objetiva (licitud) a través de una curiosa confusión».

ción coincide con las, ya superadas, «doctrinas unitarias de la culpabilidad», para las que el estado de necesidad nunca justifica la injerencia en la esfera jurídica ajena, sino que, en su caso, excluye la culpabilidad o la punibilidad de la conducta.

1.3. LA DISCUSIÓN SOBRE LA CONCURRENCIA DE UN DERECHO DEL AFECTADO A LA REPARACIÓN DEL DAÑO

1.3.1. Planteamiento

Frente a la posición de Kant, existe un amplio acuerdo en el sentido de que, en muchos casos, la necesidad determina la licitud jurídica del comportamiento, mientras que en otros solo da lugar a la exculpación del agente. Esta es la base de la denominada «doctrina de la diferenciación», que, propuesta a mediados del siglo XIX por el penalista hegeliano Albert Friedrich Berner,[32] se ha ido imponiendo progresivamente en la mayor parte de los países de nuestra tradición jurídica. Tras el debate que tuvo lugar en Alemania en cuanto a la fijación del tenor del § 904 BGB (Código civil alemán de 1900), está bastante claro que las afectaciones a la vida e integridad física ajena, aunque tengan lugar en estado de necesidad, no pueden quedar justificadas. En cambio, el núcleo de las conductas justificadas por estado de necesidad viene dado por las que afectan a la propiedad ajena para salvar la vida o la integridad física de alguien.

_____

32. *A. F. Berner*, De impunitate propter summam necessitatem proposita, 1861, pp. 9 ss.

La cuestión es si las consecuencias dañinas de dicho comportamiento lícito tienen que ser reparadas. Piénsese, al respecto, en el caso de un excursionista que se ve obligado a entrar en una cabaña ajena para salvarse de una tormenta de nieve que podría acabar con su vida. Este ejemplo académico constituye el contenido del mencionado «*Cabin Case*», propuesto por el filósofo del Derecho Joel Feinberg. Pues bien, con respecto a él no se discute la justificación de la conducta del montañero, sino si este último tiene que indemnizar al propietario por los daños causados en la cabaña al guarecerse en ella.[33] Un caso próximo de la jurisprudencia española es el de un cazador que, habiendo abandonado su puesto en la cacería autorizada en un espacio natural, se encontró con un oso, que le acometió, de modo que no le quedó otra opción que matarlo. En la resolución del supuesto de hecho, la STS (Sala penal) de 24 de enero de 1995 consideró que era un caso de estado de necesidad justificante. A partir de ahí, denegó la procedencia de una indemnización, por partir de que solo el estado de necesidad exculpante —y no el justificante— puede dar lugar a responsabilidad civil.

1.3.2. Las divergencias sobre el fundamento del derecho a la reparación

La cuestión de si existe un deber de reparación en estos casos ha sido objeto de un largo debate en el Derecho civil de daños, sin que se haya alcanzado pleno consenso.[34] Ciertamente, la conducta realizada en estado de ne-

---

33. *J. Feinberg*, Philosophy and Public Affairs 7 (1978), pp. 93 ss., 102.
34. Al respecto, *M. García-Ripoll*, Ilicitud, culpa y estado de necesidad. Un estudio de responsabilidad extracontractual en los Códigos penal y civil, 2006. La mejor exposición del estado de la cuestión en Estados Unidos y en Alemania es

cesidad justificante está permitida y, por tanto, el afectado no tiene derecho de exclusión con respecto a la injerencia del necesitado o de quien auxilie a este último. Por el contrario, tiene un deber de tolerar la injerencia, cuya infracción daría lugar, a su vez, a una responsabilidad tanto penal como civil.[35] Ahora bien, la doctrina civilista ampliamente mayoritaria sostiene que el hecho de que el propietario pierda el *ius exclusionis* por la actuación de un tercero en estado de necesidad justificante no significa que se vea privado también del derecho a ser indemnizado por el daño sufrido.[36] Frente a ella, otra posición sostiene que, si se admite la existencia de un deber de reparación, entonces la conducta no puede estar amparada por un auténtico derecho. Así las cosas, rechaza que sea una

la de *K. de la Durantaye*, Von Schiffen, Stürmen, Stegen und Schäden: Der Schadensersatzanspruch im Fall des aggressiven Notstands in Deutschland und den USA, RabelsZ 78 (2014), pp. 71 ss.

35. En el ámbito del Derecho penal, la discusión se centra en la cuestión de si quien vulnera el deber de tolerancia responde solo por omisión del deber de socorro o, más allá, por el resultado lesivo sufrido por el necesitado, en virtud de la interrupción del curso salvador que le favorecía. En cuanto al deber jurídico-civil de indemnizar como consecuencia de la infracción del deber de tolerancia, es relevante el importante precedente norteamericano del caso *Ploof v. Putnam,* 81 Vt. 471 (1908). En 1904, la familia Ploof navegaba por el lago Champlain cuando se desató una tormenta que amenazaba con hundir la embarcación con riesgo para la vida de todos ellos. Para evitarlo, el Sr. Ploof amarró el barco al muelle del chalet del Sr. Putnam. Entonces, un empleado de Putnam desamarró el barco de los Ploof, que se estrelló contra las rocas. El barco quedó destruido y varios miembros de la familia, heridos. Putnam fue condenado a pagar 650 dólares a los Ploof.

36. Así lo señala explícitamente el § 904 (*Notstand*) del Código civil alemán (BGB): «*Der Eigentümer einer Sache ist nicht berechtigt, die Einwirkung eines anderen auf die Sache zu verbieten, wenn die Einwirkung zur Abwendung einer gegenwärtigen Gefahr notwendig und der drohende Schaden gegenüber dem aus der Einwirkung dem Eigentümer entstehenden Schaden unverhältnismäßig groß ist. Der Eigentümer kann Ersatz des ihm entstehenden Schadens verlangen*». Como ya indicaba *J. Kohler*, ARWP 8 (1915), p. 439: esta no es una indemnización por un injusto, «*sondern eine Entschädigung im Laufe des Rechtes*».

auténtica causa de justificación, pues no excluye la presencia de un «ilícito civil».[37] En fin, una tercera opinión afirma que aquí se trata de una causa de justificación condicionada a la posterior reparación del daño.[38]

Ciertamente, el afectado por un daño producido en estado de necesidad justificante tiene derecho a una reparación o indemnización.[39] Sin embargo, ello no obsta a sostener la concurrencia de una auténtica causa de justificación. En efecto, la reparación no se impone aquí debido a la ilicitud de la conducta del sujeto activo, sino por razones de enriquecimiento sin causa, de compensación o de no agravación del sacrificio del afectado por la situación de necesidad.[40] En todo caso, con base en criterios distributivos que nada tienen que ver con la ilicitud de la conducta.[41] Precisamente esto es lo que abre el debate acerca de si tal reparación la tiene que asumir el sujeto activo, sea quien sea, el necesitado o incluso el Estado. Ciertamente, una posibilidad sería que la responsabilidad le incumbiera al su-

37. Así, J. Feinberg, Rights, Justice and the Bounds of Liberty, 1980, p. 230: si existe un «duty of compensation», la conducta no es ejercicio de un auténtico derecho; J. J. Thomson, Rights, Restitution and Risk, 1986, pp. 66 ss., 71; J. Oberdiek, Lost in Moral Space: On the Infringing/Violating Distinction and its Place in the Theory of Rights, L&Ph 23 (2004), pp. 325 ss.; el mismo, Specifying Rights Out of Necessity, OJLS 28 (2008), 127 ss., 143-144.
38. Así, G. Keating, Property Right and Tortious Wrong in Vincent v. Lake Erie, Issues in Legal Scholarship, 2005, Art. 6.
39. J. Renzikowski, Notstand und Notwehr, 1994, pp. 196, 199. El deber de compensar tiene por objeto resarcir al afectado de los perjuicios derivados del uso o consumo de sus bienes llevado a cabo por el agente (enriquecimiento sin causa).
40. C. Céspedes Muñoz/J. Escobar Veas/P. Mendoza-Alonzo, Las consecuencias civiles del estado de necesidad justificante en Chile. Revista Chilena de Derecho y Ciencia política, 13 (2022), pp. 45 ss., 62 ss.
41. J.-M. Silva Sánchez, «ex delicto?» Aspectos de la llamada responsabilidad civil en el proceso penal, InDret 3/2001, pp. 1 ss., 6-7; R. Simons, Self-Defense, Necessity, and the Duty to Compensate in Law, San Diego L. R. 55 (2018), pp. 357 ss.

jeto activo, aunque luego pudiera repetir contra el beneficiado, en el caso de que este último fuera distinto de aquél.[42]
Sin embargo, en la legislación española es el necesitado —
tanto si se auxilia a sí mismo, como si es un tercero quien
actúa en su auxilio— el sujeto obligado a resarcir al afectado de los daños que haya sufrido con ocasión de la injerencia justificada en su esfera. Esta parece ser la solución
mejor.[43] Ahora bien, la cuestión polémica es si tal deber de
reparación puede integrarse en la noción de «responsabilidad civil», dado que esta última parece evocar no cualquier responsabilidad extracontractual, sino precisamente
la derivada de conductas ilícitas.[44]

El Código penal español integra este supuesto en su —
por cierto, amplia— noción de responsabilidad civil derivada de delito. Así, el art. 118.1. 3ª, I CP dispone que «serán responsables civiles directos las personas en cuyo
favor se haya precavido el mal, en proporción al perjuicio
que se les haya evitado, si fuera estimable o, en otro caso,
en la que el Juez o Tribunal establezca según su pruden-
te arbitrio». Esta solución, común a otros sistemas legales,
pone de relieve que el derecho a la reparación desde luego no se corresponde con un deber del sujeto que reali-
za la conducta justificada en estado de necesidad. En efecto, no es el sujeto activo —en tanto que obrante en estado
de necesidad propio o ajeno— el que está obligado a resarcir, sino el necesitado, en tanto que beneficiado por la
conducta necesaria. Por lo demás, en los casos en los que
la situación de necesidad no haya surgido por casualidad,
sino en virtud de la provocación de un tercero —así, por

---

42. Al respecto, *K. de la Durantaye*, RabelsZ 78 (2014), pp. 79-80.
43. *K. de la Durantaye*, RabelsZ 78 (2014), pp. 103 ss.
44. En contra, *C. Céspedes Muñoz/J. Escobar Veas/P. Mendoza-Alonzo*, Revista Chilena de Derecho y Ciencia política, 13 (2022), pp. 60 ss.

ejemplo, en el denominado estado de necesidad «coactivo»—, lo procedente es adoptar una solución distinta. En efecto, en tal caso, es el provocador quien debe responder por los daños. En fin, el cumplimiento del deber de resarcimiento por parte de uno u otro, aunque da cuenta de la especificación justa del conflicto de pretensiones, obviamente no es condición de la justificación de la conducta del auxiliador.

Ciertamente, cabría institucionalizar sistemas de aseguramiento —públicos o privados— de los daños causados a terceros en estado de necesidad justificante. Ello podría verse como una dimensión más de la dinámica de socialización de los peligros. En cambio, la ausencia de un sistema de seguro determina que la indemnización al tercero afectado deba ser asumida por el necesitado o por el Estado. Si aquel no es solvente y el Estado no la asume, el tercero afectado no solo habrá sufrido la intervención en estado de necesidad, sino que también se quedará sin resarcimiento.[45] Esto resulta especialmente importante a propósito de los casos de ocupación de inmuebles ya mencionados. En efecto, aunque estos tuvieran lugar en estado de necesidad, en ellos el propietario no solo pierde la posesión del inmueble afectado, sino que, dada la insolvencia de los ocupantes, tampoco podrá recibir indemnización alguna. Por eso, a este respecto, resulta significativo el tenor del art. 118.1.3ª, II CP español, cuando señala que: «cuando las cuotas de que deba responder el interesado no sean equitativamente asignables por el Juez o Tribunal, ni siquiera por aproximación, o cuando la responsabilidad se extienda a las Administraciones Públicas o a la mayor parte de una población y, en todo caso, siem-

---

45. *J. Renzikowski* (2013), pp. 33-34.

pre que el daño se haya causado con asentimiento de la autoridad o de sus agentes, se acordará, en su caso, la indemnización en la forma que establezcan las leyes y reglamentos especiales». En efecto, si el estado de necesidad es en su origen —o pasa a ser luego— de naturaleza público-estatal, el deber de reparación le incumbe al Estado,[46] de conformidad con las disposiciones legales especiales que existan en cada caso. Ello será examinado más adelante a propósito del denominado estado de necesidad policial o de seguridad pública.

2. LA NECESIDAD JURÍDICO-PÚBLICA DE AFECTAR A LA PROPIEDAD PRIVADA

2.1. La función social de la propiedad y la potestad expropiatoria

El art. 33.1 CE reconoce el derecho *prima facie* a la propiedad privada. Sin embargo, en el art. 31.2 CE se añade que «la función social de este derecho delimitará su contenido, de acuerdo con las leyes». Por lo tanto, el propietario tiene deberes jurídico-legales tanto de omitir, como de tolerar y de hacer, que perfilan el contenido de su derecho. Así, un deber de omitir cuya infracción se castiga con pena es el que se desprende de la existencia del delito de daño en cosa propia de utilidad social o cultural (art.

---

46. Quienes acogen una concepción institucionalista del estado de necesidad privado, como expresión de un déficit del Estado, sostienen también que es a este último a quien efectivamente le incumbe la reparación del daño sufrido por el sujeto afectado. Así, *M. Pawlik*, Der rechtfertigende Notstand, 2002, p. 123; *G. Jakobs*, System der strafrechtlichen Zurechnung, 2012, pp. 47 ss.

289 CP español).[47] Además, el deber de hacer por antonomasia es el de tributar. En efecto, el art. 31.1. CE establece que «todos contribuirán al sostenimiento de los gastos públicos de acuerdo con su capacidad económica mediante un sistema tributario justo inspirado en los principios de igualdad y progresividad que, en ningún caso, tendrá alcance confiscatorio». Ahora bien, cuando, en el análisis de la función social de la propiedad, se llega al Derecho administrativo, lo común es pensar en los deberes de tolerar (o soportar) que se derivan de la institución de la expropiación forzosa, con sus requisitos específicos de competencia, procedimiento y contenido.[48] En efecto, el propio art. 33 CE, en su apartado 3., establece que «nadie podrá ser privado de sus bienes y derechos sino por causa justificada de utilidad pública o interés social, mediante la correspondiente indemnización y de conformidad con lo dispuesto por las leyes». Por su parte, el art. 9 de la Ley de Expropiación Forzosa señala que «para proceder a la expropiación forzosa será indispensable la previa declaración de utilidad pública o interés social del fin a que haya de afectarse el objeto expropiado».[49] Tras ello es preciso de-

---

47. «El que por cualquier medio destruyere, inutilizare o dañare una cosa propia de utilidad social o cultural, o de cualquier modo la sustrajere al cumplimiento de los deberes legales impuestos en interés de la comunidad, será castigado con la pena de arresto de siete a veinticuatro fines de semana o multa de cuatro a dieciséis meses».

48. Del Preámbulo de la LEF: «La expropiación forzosa contempla el supuesto en que, decidida la colisión entre el interés público y el privado, en consideración a la lógica prevalencia del primero, resulta obligado arbitrar el procedimiento legal adecuado para promover jurídicamente la transmisión imperativa del derecho expropiado y para hacer, consecuentemente, efectiva en favor del particular la justa indemnización correspondiente».

49. Ciertamente, el art. 10 LEF añade que «La utilidad pública se entiende implícita, en relación con la expropiación de inmuebles, en todos los planes de obras y servicios del Estado, Provincia y Municipio. En los demás casos en que por ley se haya declarado genéricamente la utilidad pública, su reconocimiento

terminar «la necesidad de ocupar los bienes que sean estrictamente indispensables para el fin de la expropiación» (art. 15 LEF).[50] Como puede advertirse, en la expropiación late la lógica de la necesidad pública (utilidad pública/interés social) y la subsidiariedad, así como de la proporcionalidad y adecuación.[51] En cambio, lo que la ley relativiza, al establecer el procedimiento correspondiente, es la exigencia de un mal inminente.

---

en cada caso concreto deberá hacerse por acuerdo del Consejo de Ministros, salvo que para categorías determinadas de obras, servicios o concesiones las Leyes que las regulan hubieren dispuesto otra cosa». Por su parte, el art. 11 LEF se señala que: «En todos los casos no previstos en el artículo anterior y relativos a bienes inmuebles, siempre que no se trate de los que con arreglo a esta Ley se regulan por disposición especial, la declaración de utilidad pública deberá hacerse mediante Ley aprobada en Cortes». En cuanto a los bienes muebles, el art. 12 LEF añade que: «la utilidad pública habrá de ser declarada expresa y singularmente mediante Ley en cada caso, a no ser que esta u otra Ley hayan autorizado la expropiación para una categoría especial de bienes, en cuyo supuesto bastará el acuerdo del Consejo de Ministros».

50. Del Preámbulo: «La apreciación acerca de si es o no necesaria la ocupación de un bien en concreto es una garantía fundamental para el particular. La declaración de utilidad pública explícita o implícita garantiza la concurrencia del interés general, que viene a justificar la expropiación, pero no entra ni de lejos en apreciación alguna acerca de la necesidad de que para llevarlo a cabo se ocupe un bien determinado con preferencia a otro». Por su parte, el art. 17.1 LEF: «A los efectos del artículo 15, el beneficiario de la expropiación estará obligado a formular una relación concreta e individualizada, en la que se describan, en todos los aspectos, material y jurídico, los bienes o derechos que considere de necesaria expropiación».

51. Una variante distinta es la contemplada en el art. 40 de la Ley catalana 18/2007, de 28 de diciembre, del Derecho a la Vivienda. A saber, la expropiación de una vivienda por incumplimiento del deber de conservación y rehabilitación de aquélla, si tal incumplimiento conlleva un riesgo para la seguridad de las personas. En esta misma línea, el art. 4 del Decreto Ley 1/2015, de 24 de marzo, que prevé la expropiación temporal del usufructo de viviendas en tales condiciones.

2.2. El derecho público de necesidad y las requisas

Ahora bien, la incidencia del derecho público de necesidad sobre la propiedad privada no se limita a lo establecido en las leyes de expropiación. Asimismo, comprende los casos en los que es preciso hacer frente a un mal inminente para un bien jurídico público. Precisamente, es tal situación de riesgo inminente para el interés público —por ejemplo, para la seguridad pública— la que determina que en ellos no se siga el procedimiento general de la expropiación, ni siquiera el de urgencia, de modo que tienen lugar al margen de cualquier procedimiento. Así pues, la autoridad puede injerirse en la propiedad particular acordando la práctica de requisas o de ocupaciones temporales, que constituyen una variante de la expropiación forzosa mediante la que la Administración obtiene la propiedad o la posesión temporal de un bien de un particular. Desde luego, las más relevantes de sus manifestaciones se suscitan en los casos de guerras, pero también de cualesquiera catástrofes.[52]

---

52. Este es el contexto de las requisas militares. Así, el art. 101 LEF: «En tiempo de guerra y en caso de movilización total o parcial que no sea para maniobras, las autoridades militares podrán utilizar, previa requisa, toda clase de bienes muebles, inmuebles, derechos, empresas, industrias, alojamientos, prestaciones personales y, en general, todo cuanto sirva directa o indirectamente a los fines militares". Y el art. 102: «1. Fuera de los casos previstos en el artículo anterior, únicamente podrán ser objeto de requisa: los alojamientos para personal, ganado y material; las raciones de pan, y pienso, así como el combustible y el alumbrado, el alojamiento y cuanto sea necesario para la asistencia a enfermos o heridos; los medios terrestres, marítimos o aéreos para locomoción o transporte de personal, ganado o material de los ejércitos o sus servicios. La duración máxima de estas dos últimas prestaciones no excederá de veinticuatro horas cada vez. 2. En períodos de grandes maniobras de concentración de fuerzas se podrán también requisar por la autoridad militar correspondiente propiedades rústicas y urbanas como medios auxiliares para las maniobras, con las limitaciones y formas señaladas en los reglamentos especiales. Las requisas a que

Al practicar una requisa, la administración y, en el marco de esta, la autoridad competente, no solo obra lícitamente, sino que cumple un deber. En efecto, la licitud de la requisa se deriva de la posición de garante del Estado y de la función de protección que a este le incumbe en beneficio de los ciudadanos. Sin embargo, el tránsito de esta noción general a la injerencia en una esfera individual concreta, además de gozar de tal legitimación constitucional abstracta, cuenta con otra concreta. Así, en el caso español, a propósito de los casos de necesidad de protección frente a peligros drásticos, el art. 30.4 CE establece que «mediante ley podrán regularse los deberes de los ciudadanos en los casos de grave riesgo, catástrofe o calamidad pública». Además, en relación con casos de necesidad pública que no alcancen dicha situación límite, el art. 31.3 CE indica de modo adicional que solo «podrán establecerse prestaciones (...) patrimoniales de carácter público con arreglo a la ley».[53]

Por lo tanto, los deberes ciudadanos de soportar injerencias de la administración en su patrimonio en casos de necesidad pública-policial tienen un fundamento constitucional y, eso sí, deben ser previstos en la ley. Ello se ha expresado de modo muy claro, poniendo de relieve cómo en estos casos el Estado y el ciudadano invierten sus papeles: *«Während im Normalfall der Bürger zahlt (Steuerpflicht)*

---

se refiere este párrafo sólo se podrán exigir en el territorio y en el período de tiempo que previamente se señale. 3. También se podrá acordar por Decreto la requisa, en vía de ensayo, de todos los medios útiles de locomoción y transporte, tanto de índole animal como mecánica. En fin, el art. 103: «En ningún caso se podrá exigir la requisa de recursos superiores a los que posean los Municipios, debiéndoseles respetar siempre los víveres necesarios para alimentación civil durante un tiempo prudencial».

53. Las prestaciones personales, a las que también alude el precepto, se examinan más adelante.

und der Staat Gefahren abwehrt (Schutzpflicht), liegen die Dinge im Notstand genau umgekehrt: Der Bürger sorgt für Sicherheit, der Staat zahlt dem Bürger Entschädigung».[54] En efecto, en las situaciones de peligro inminente y grave para un bien jurídico público, que no pueden afrontarse con medios menos lesivos —necesidad y subsidiariedad—[55] la injerencia proporcionada y exigible[56] en el patrimonio de un sujeto particular se halla justificada por estado de necesidad.[57]

A este respecto, la legislación española contiene múltiples ejemplos de situaciones en las que se prevé que la autoridad proceda a realizar requisas temporales de bienes muebles de propiedad privada, así como intervenciones u ocupaciones transitorias de inmuebles, o bien a la suspensión de actividades de los particulares. Todas ellas son calificadas como *«medidas de necesidad»*. Así, por ejemplo, por un lado —para situaciones todavía de normalidad constitucional— el art. 26 de la Ley 14/1986, de 25 de abril, Ge-

---

54. «Mientras que en circunstancias normales el ciudadano paga (obligación tributaria) y el Estado defiende de los peligros (deber de protección), en estado de necesidad las cosas son exactamente al revés: el ciudadano proporciona seguridad mientras que el Estado le paga una indemnización»: *M. Hollands*, Gefahrenzurechnung im Polizeirecht, 2005, p. 118. *M. Köhler*, Recht und Gerechtigkeit, 2017, pp. 290-291, asocia el estado de necesidad policial con la evitación de un peligro para el orden, esto es, con la protección de bienes jurídicos supraindividuales con significado existencial general.

55. *K. Reitzig*, Die polizeirechtliche Beschlagnahme von Wohnraum zur Unterbringung Obdachloser, 2004, pp. 112 y 119: la requisa es subsidiaria de la posibilidad de alojamiento en dependencias propias de las entidades públicas, así como del alquiler de habitaciones en hoteles o de viviendas en el mercado libre.

56. *K. Reitzig* (2004), pp. 131 ss., 133 ss.: por ejemplo, el mal comportamiento del sujeto alojado; la necesidad del alojamiento para familiares, etc.

57. *K. Reitzig* (2004), p. 125: los preceptos relativos al estado de necesidad policial deben interpretarse restrictivamente, como preceptos de excepción, de modo que solo en casos excepcionales cabe exigirle al propietario privado un sacrificio especial a favor de la comunidad.

neral de Sanidad;[58] el art. 54 de la Ley 33/2011, de 4 de octubre, General de Salud Pública;[59] y el art. 7 bis de la Ley

---

58. «1. En caso de que exista o se sospeche razonablemente la existencia de un riesgo inminente y extraordinario para la salud, las autoridades sanitarias adoptarán las medidas preventivas que estimen pertinentes, tales como la incautación o inmovilización de productos, suspensión del ejercicio de actividades, cierres de empresas o sus instalaciones, intervención de medios materiales y personales y cuantas otras se consideren sanitariamente justificadas.
2. La duración de las medidas a que se refiere el apartado anterior, que se fijarán para cada caso, sin perjuicio de las prórrogas sucesivas acordadas por resoluciones motivadas, no excederá de lo que exija la situación de riesgo inminente y extraordinario que las justificó».
59. «1. Sin perjuicio de las medidas previstas en la Ley Orgánica 3/1986, de 14 de abril, de Medidas Especiales en Materia de Salud Pública, con carácter excepcional y cuando así lo requieran motivos de extraordinaria gravedad o urgencia, la Administración General del Estado y las de las comunidades autónomas y ciudades de Ceuta y Melilla, en el ámbito de sus respectivas competencias, podrán adoptar cuantas medidas sean necesarias para asegurar el cumplimiento de la ley.
2. En particular, sin perjuicio de lo previsto en la Ley 14/1986, de 25 de abril, General de Sanidad, la autoridad competente podrá adoptar, mediante resolución motivada, las siguientes medidas:
a) La inmovilización y, si procede, el decomiso de productos y sustancias.
b) La intervención de medios materiales o personales.
c) El cierre preventivo de las instalaciones, establecimientos, servicios e industrias.
d) La suspensión del ejercicio de actividades.
e) La determinación de condiciones previas en cualquier fase de la fabricación o comercialización de productos y sustancias, así como del funcionamiento de las instalaciones, establecimientos, servicios e industrias a que se refiere esta ley, con la finalidad de corregir las deficiencias detectadas.
f) Cualquier otra medida ajustada a la legalidad vigente si existen indicios racionales de riesgo para la salud incluida la suspensión de actuaciones de acuerdo a lo establecido en el Título II de esta ley.
3. Las medidas se adoptarán previa audiencia de los interesados, salvo en caso de riesgo inminente y extraordinario para la salud de la población y su duración no excederá del tiempo exigido por la situación de riesgo que las motivó. Los gastos derivados de la adopción de medidas cautelares contempladas en el presente artículo correrán a cargo de la persona o empresa responsable.
Las medidas que se adopten deberán, en todo caso, respetar el principio de proporcionalidad».

17/2015, de 9 de julio,[60] del Sistema Nacional de Protección Civil.[61] Por otro lado, el art. 11 de la L. O. 4/1981, de 1 de junio, de los estados de alarma, excepción y sitio;[62] y, por citar un último ejemplo, el art. 8 del R. D. 463/2020, de 14 de marzo, por el que se declaraba el estado de alarma para la gestión de la situación de crisis sanitaria ocasionada por la pandemia del COVID-19.[63]

---

60. «3. Cuando la naturaleza de las emergencias lo haga necesario, las autoridades competentes en materia de protección civil podrán proceder a la requisa temporal de todo tipo de bienes, así como a la intervención u ocupación transitoria de los que sean necesarios y, en su caso, a la suspensión de actividades. Quienes como consecuencia de estas actuaciones sufran perjuicios en sus bienes y servicios, tendrán derecho a ser indemnizados de acuerdo con lo dispuesto en las leyes.

(…)

5. Las medidas restrictivas de derechos que sean adoptadas o las que impongan prestaciones personales o materiales tendrán una vigencia limitada al tiempo estrictamente necesario para hacer frente a las emergencias y deberán ser adecuadas a la entidad de la misma».

61. Derogatoria de la Ley 2/1985, de 21 de enero, de Protección Civil.

62. «Con independencia de lo dispuesto en el artículo anterior, el decreto de declaración del estado de alarma, o los sucesivos que durante su vigencia se dicten, podrán acordar las medidas siguientes:

a) Limitar la circulación o permanencia de personas o vehículos en horas y lugares determinados, o condicionarlas al cumplimiento de ciertos requisitos.

b) Practicar requisas temporales de todo tipo de bienes e imponer prestaciones personales obligatorias.

c) Intervenir y ocupar transitoriamente industrias, fábricas, talleres, explotaciones o locales de cualquier naturaleza, con excepción de domicilios privados, dando cuenta de ello a los Ministerios interesados.

d) Limitar o racionar el uso de servicios o el consumo de artículos de primera necesidad.

e) Impartir las órdenes necesarias para asegurar el abastecimiento de los mercados y el funcionamiento de los servicios de los centros de producción afectados por el apartado d) del artículo cuarto».

63. «1. De conformidad con lo dispuesto en el artículo once b) de la Ley Orgánica 4/1981, de 1 de junio, las autoridades competentes delegadas podrán acordar, de oficio o a solicitud de las comunidades autónomas o de las entidades locales, que se practiquen requisas temporales de todo tipo de bienes necesarios para el cumplimiento de los fines previstos en este Real Decreto, en particular

Desde luego, la necesidad pública no tiene que ser de índole catastrófica ni responder a una crisis sanitaria. En efecto, pueden citarse igualmente situaciones de necesidad económica-financiera o social. Así, un ejemplo de lo primero fue, en 2023, el recurso al derecho público de necesidad por parte del gobierno suizo. En efecto, para resolver la grave crisis financiera y de imagen que atravesaba la entidad *Credit Suisse*, tras años de malas decisiones de inversión y meses de desplome de su valor en bolsa, el gobierno helvético adoptó la medida de urgencia de proceder a su rescate forzando su adquisición por parte de UBS y la fusión de ambas entidades como medida de urgencia. Algo que, por cierto, puede hacer con apoyo directo en la disposición constitucional relativa al «*Notrecht*», para hacer frente a afectaciones inminentes del orden público, sin habilitación legal adicional.[64] En cuanto a la actuación pública por necesidad social, un ejemplo relevante de ella es la requisa, en estado de necesidad jurídico-público —policial o de prevención de peligros («*gefahrenabwehrrechtlicher Notstand*»)—, de inmuebles privados para alojar a personas que los necesitan de modo urgente, como puede suceder con los inmigrantes solicitantes de asilo o, sencillamen-

---

para la prestación de los servicios de seguridad o de los operadores críticos y esenciales. Cuando la requisa se acuerde de oficio, se informará previamente a la Administración autonómica o local correspondiente.
2. En los mismos términos podrá imponerse la realización de prestaciones personales obligatorias imprescindibles para la consecución de los fines de este Real Decreto».
64. El *Notrecht* del art. 185.3 de la Constitución de la Confederación Helvética, que establece, a propósito de las competencias del Gobierno (*Bundesrat*): «*Er kann, unmittelbar gestützt auf diesen Artikel, Verordnungen und Verfügungen erlassen, um eingetretenen oder unmittelbar drohenden schweren Störungen der öffentlichen Ordnung oder der inneren oder äusseren Sicherheit zu begegnen. Solche Verordnungen sind zu befristen*».

te, con las personas vulnerables.[65] En el caso de los inmigrantes, las administraciones públicas españolas han optado por alojarlos en habitaciones alquiladas en hoteles. En cambio, a propósito de otras personas vulnerables se han adoptado otras medidas, que han oscilado entre el arrendamiento forzoso de la vivienda y la expropiación temporal del usufructo de aquella por parte de la administración, para luego arrendarla.[66]

2.3. La suspensión de los lanzamientos por necesidad extraordinaria y urgente

2.3.1. El origen y el desarrollo de la figura

A principios de la década pasada, y con el fin de mitigar los efectos de la crisis financiera de 2007-2008, en España se tomó la decisión de política pública de suspender los lanzamientos de deudores hipotecarios.[67] Posteriormente, con ocasión de la crisis generada por la pandemia del COVID-19, ello se amplió —aunque en términos facultativos para el juez— a los casos de lanzamientos de deudores arrendaticios, así como incluso a los supuestos de ocu-

---

65. *A. Lübbe*, Wohnraumbeschaffung durch Zwangsmaßnahmen, 1993; *K. Reitzig* (2004), pp. 91, 95; *T. Barczak*, Die Verwaltung 49 (2016), p. 162, alude ya a un precedente del Tribunal Supremo administrativo de Prusia.
66. Cfr. *Argelich Comelles*, La evolución histórica del arrendamiento forzoso de vivienda: de la imposición a la expropiación, e-SLegal History Review 25 (2017), pp. 36 ss. Sobre la inconstitucionalidad de estas medidas, por vulneración del principio de proporcionalidad, en su dimensión de subsidiariedad, *Milá/Marín*, El alquiler forzoso de la vivienda desocupada. La expropiación temporal del usufructo del art. 42 del Projecte de Llei de Dret a l'Habitatge de Cataluña, de 12 de diciembre de 2006, InDret 2/2007, pp. 1 ss.
67. R.D.-L. 27/2012, de 15 de noviembre; Ley 1/2013, de 14 de mayo. El R.D.-L.1/2024, de 14 de mayo, ha ampliado el plazo de suspensión de tales lanzamientos hasta 2028.

pación delictiva de inmuebles (art. 245.2 CP), siempre que los ocupantes sean «personas vulnerables» y no haya sido posible la reasignación a estos de una «alternativa habitacional».[68] Luego, el impacto de la guerra de Ucrania y la aparición de otros factores posteriores de inestabilidad socioeconómica han conducido a sucesivas prórrogas de tal suspensión.[69] La última de ellas, acordada en virtud del R.D.-L. 9/2024, de 23 de diciembre, extiende el período de suspensión de los lanzamientos en los casos de hogares vulnerables hasta el 31 de diciembre de 2025.[70] Ciertamente, la disposición suspensiva tiene algunas excepciones, entre las que destacan la de que la ocupación haya tenido lugar con violencia o intimidación (art. 245.1 CP), es decir, no con fuerza o de cualquier otro modo delictivo: art. 245.2 CP), y la de que se realicen hechos delictivos en el inmueble ocupado (este último es el caso de los denominados «narcopisos»).[71] En fin, todas estas disposiciones han sido avaladas por la STC 9/2023, de 22 de fe-

---

68. R.D.-L. 11/2020, de 31 de marzo; R.D.-L. 37/2020, de 22 de diciembre; R.D.-L. 16/2021, de 3 de agosto; R.D.-L. 21/2021, de 26 de octubre; R.D.-L. 2/ 2022, de 22 de febrero.

69. R.D.-L. 11/2022, de 25 de junio; R.D.-L. 20/2022, de 27 de septiembre; R.D.-L. 5/2023, de 28 de junio; R. D.-L. 8/2023, de 27 de diciembre.

70. *M. Rodríguez-Izquierdo Serrano*, La vulnerabilidad frente a los desalojos forzosos de vivienda como tendencia constitucional, REDConst 130 (2024), pp. 49 ss., 51 53.

71. Art. 1 bis 7 del R.D.-L. 11/2020: «En ningún caso procederá la suspensión a que se refiere este artículo si la entrada o permanencia en la vivienda ha tenido lugar en los siguientes supuestos:

a) Cuando se haya producido en un inmueble de propiedad de una persona física, si en dicho inmueble tiene su domicilio habitual o segunda residencia debidamente acreditada, sin perjuicio del número de viviendas de las que sea propietario.

b) Cuando se haya producido en un inmueble de propiedad de una persona física o jurídica que lo tenga cedido por cualquier título válido en derecho a una persona física que tuviere en él su domicilio habitual o segunda residencia debidamente acreditada.

brero, especialmente en su Fundamento Jurídico Cuarto, incluso para el caso de las ocupaciones punibles.[72]

2.3.2. *La calificación jurídica más razonable y sus consecuencias*

Todos los elementos expuestos ponen de relieve que, aunque no se indique expresamente, lo que el Gobierno

---

c) Cuando la entrada o permanencia en el inmueble se haya producido mediando intimidación o violencia sobre las personas.

d) Cuando existan indicios racionales de que la vivienda se esté utilizando para la realización de actividades ilícitas.

e) Cuando la entrada o permanencia se haya producido en inmuebles de titularidad pública o privada destinados a vivienda social y ya se hubiera asignado la vivienda a un solicitante por parte de la administración o entidad que gestione dicha vivienda.

f) Cuando la entrada en la vivienda se haya producido con posterioridad a la entrada en vigor del presente real decreto-ley».

72. STC 9/2023, de 22 de febrero, FJ 4°: «La extensión de la suspensión a los lanzamientos que se sustancien en procesos penales se hace sobre la premisa, como ya hemos puesto de manifiesto, del alcance limitado de la medida: (i) no afecta a todos los propietarios (solamente a los titulares de más de diez viviendas); (ii) no ampara todas las circunstancias de entrada o permanencia de la vivienda sin título habilitador, es más, la medida no se aplica a las viviendas que son domicilio habitual o segunda residencia; (iii) la medida no es general y automática, sino que será adoptada por el juez previa valoración ponderada y proporcional del caso concreto, teniendo en cuenta las circunstancias que concurran (extrema necesidad, existencia o no alternativa habitacional...) y (iv) la medida tiene un carácter temporal. Estamos pues, ante una medida limitada en cuanto a su ámbito de aplicación subjetivo, objetivo y temporal, que no tiene por objeto una regulación directa y general del derecho de propiedad de la vivienda, ni afecta a su contenido esencial. Una medida que responde a una finalidad de interés social —la protección de las personas en situación de vulnerabilidad como consecuencia de la crisis generada por el Covid-19—, que incide mínimamente y de forma temporal sobre la posesión o capacidad de disposición, incidencia que además podrá ser objeto de compensación económica, como se desprende de las disposiciones adicionales segunda y tercera del Real Decreto-ley 37/2020, de 22 de diciembre». A favor de las tesis de la sentencia, *M. Rodríguez-Izquierdo Serrano*, REDConst 130 (2024), pp. 73 ss., 74.

ha apreciado es que en España en materia de vivienda rige un «estado de necesidad público» o «sociopolítico». Sin embargo, no está claro que concurran todos los presupuestos de la figura. Ante todo, no parece que la opción de afrontar tal situación de necesidad de modo indirecto, con cargo a los terceros propietarios de los inmuebles (obviamente ajenos a la situación de riesgo), respete el principio de subsidiariedad.[73] En efecto, si la situación reviste un carácter general como el que se pretende, desde luego no procede que sea soportada únicamente por unos ciudadanos (lo que contraviene el principio de igualdad de cargas). Por el contrario, lo razonable es que recaiga sobre el Estado, de modo que implique a la totalidad de la comunidad política. Por lo demás, la prolongación de la suspensión durante años contradice la exigencia de que el recurso a la ley de necesidad solo es legítimo para abordar problemas temporales. En efecto, la situación parece haberse configurado como un «estado de necesidad permanente», lo que contradice los propios presupuestos de la figura.

---

73. Crítico, el voto particular del magistrado Arnaldo Alcubilla a la STC 9/2023, de 22 de febrero: «mediante el recurso a la potestad legislativa de urgencia, el Gobierno hace recaer la realización efectiva de un principio rector de carácter social sobre las espaldas de determinados propietarios»; «la norma controvertida hace ceder el derecho de disposición de los propietarios en atención a una pretendida función social, cuando, de haber sido probada la situación de vulnerabilidad económica y social, su atención corresponde, como ya he señalado, a los poderes públicos con cargo a los recursos de los que disponen, y no a determinados particulares a los que, por decisión del Gobierno, se les impone, como ya he señalado antes, la carga de que sus bienes sean utilizados para atender tales situaciones»; «una privación completa, aunque sea temporal, de la disponibilidad del bien inmueble y de su utilidad económica convierte la propiedad en una carga que se impone exclusivamente a los propietarios afectados para la utilidad de todos. Además, cabe dudar de que tal privación del derecho de disposición sobre el bien inmueble sea temporal sino más bien sostenida en el tiempo ya que, como se ha señalado, esta medida se ha ido prorrogando sucesivamente».

En todo caso, aunque las exigencias de necesidad y de subsidiariedad se estimaran cumplidas, lo cierto es que el estado de necesidad requiere que se adopten medidas de reparación del daño causado al tercero afectado, que es ajeno a la situación de riesgo habitacional generada. Esto merece una consideración específica.

2.4. La necesidad pública y la reparación del daño

La persona cuyo patrimonio se ve afectado por la conducta lícita de la autoridad en el marco de un estado de necesidad pública debe ser indemnizada.[74] En este punto, cabe observar críticamente que ello no siempre se prevé de modo expreso en las leyes.[75] Con todo, en el caso español es aplicable de modo subsidiario lo previsto en la Ley de Expropiación Forzosa. En efecto, «cuando por consecuencias de graves razones de orden o seguridad públicos, epidemias, inundaciones u otras calamidades, hubiesen de adoptarse por las Autoridades civiles medidas que impliquen destrucción, detrimento efectivo o requisas de bienes o derechos de particulares sin las formalidades que para los diversos tipos de expropiación exige esta Ley, el particular dañado tendrá derecho a indemnización de acuerdo con las normas que se señalan en los preceptos relativos a los daños de la ocupación temporal de inmuebles y

---

74. *K. Reitzig* (2004), pp. 302 ss.; *T. Seidel* (2023), pp. 85 ss. También en el caso de la «*public necessity*» norteamericana, aunque con matices: así, por ejemplo, *Bowditch v. City of Boston*, 101 U.S. 16, 18 (1879); *City of Rapid City v. Boland*, 271 N.W.2d 60 (N.D. 1978).

75. Sobre las distintas posibilidades de fundamentar el deber de reparación en el caso alemán, *A. K. Lintz*, Pandemie und Staatshaftung, 2024; para el caso español, *G. Doménech Pascual*, Responsabilidad patrimonial del Estado y Covid-19, AFDUAM Extraordinario (2021), pp. 293 ss., en un tono crítico general, con respecto al plano legal y al jurisprudencial.

al justiprecio de los muebles, debiendo iniciarse el expediente a instancia del perjudicado y de acuerdo con tales normas».[76]

El sistema seguido en el caso de la suspensión de los desalojos de viviendas ha sido distinto.[77] En efecto, los pro-

---

76. Así, el art. 120 LEF. Con respecto a la requisa de material sanitario en el caso de la pandemia, así lo acuerda la STS (Sala 3ª, Sección 8ª) de 14 de febrero de 2025 (recurso n.º 549/2023).

77. En las disposiciones adicionales segunda y tercera del R.D.-L. 37/2020, de 22 de diciembre, de medidas urgentes para hacer frente a las situaciones de vulnerabilidad social y económica en el ámbito de la vivienda y en materia de transportes.

Disposición adicional segunda: 1. Los arrendadores afectados por la suspensión extraordinaria prevista en el artículo 1 del Real Decreto-ley 11/2020, de 31 de marzo, por el que se adoptan medidas urgentes complementarias en el ámbito social y económico para hacer frente al COVID-19, tendrán derecho a solicitar una compensación en los términos previstos en los apartados siguientes cuando la administración competente, en los tres meses siguientes a la fecha en que se emita el informe de los servicios sociales señalando las medidas adecuadas para atender la situación de vulnerabilidad acreditada facilitando el acceso de las personas vulnerables a una vivienda digna, no hubiera adoptado tales medidas.

2. La compensación consistirá en el valor medio que correspondería a un alquiler de vivienda en el entorno en que se encuentre el inmueble, determinado a partir de los índices de referencia del precio del alquiler de vivienda u otras referencias objetivas representativas del mercado de arrendamiento, más los gastos corrientes de la vivienda que acredite haber asumido el arrendador, por el período que medie entre que se acordare la suspensión y el momento en el que la misma se levante por el Tribunal o por finalizar el estado de alarma. No obstante, si dicho valor fuera superior a la renta que viniera percibiendo el arrendador, la compensación consistirá en renta dejada de percibir durante el mismo período señalado anteriormente más los gastos corrientes.

3. La solicitud de compensación podrá presentarse hasta un mes después de la vigencia del estado de alarma declarado por el Real Decreto 926/2020, de 25 de octubre, debiendo formular el arrendador una exposición razonada y justificada de la compensación que considere procedente sobre la base de los criterios indicados anteriormente.

4. Los propietarios de las viviendas afectadas por las medidas adoptadas conforme al artículo 1 bis del Real Decreto-ley 11/2020, de 31 de marzo, por el que se adoptan medidas urgentes complementarias en el ámbito social y económico pa-

pietarios pueden solicitar una compensación a la respectiva Comunidad Autónoma con cargo a los recursos del Plan Estatal de la Vivienda 2018-2021, durante un plazo que, de momento, vence el 31 de enero de 2026. En este punto, la suficiencia del sistema previsto, a saber, que el propietario se acoja a «compensaciones» por parte de las Comunidades Autónomas con cargo al Plan estatal de la vivienda

---

ra hacer frente al COVID-19, tendrán derecho a solicitar una compensación si durante los tres meses siguientes a la fecha en que se emita el informe de los servicios sociales señalando las medidas adecuadas para atender la situación de vulnerabilidad acreditada, tales medidas no se hubieran adoptado por la Administración competente y siempre que los propietarios acrediten que la suspensión del lanzamiento les haya ocasionado perjuicio económico al encontrarse la vivienda ofertada en venta o arrendamiento con anterioridad a la entrada en el inmueble.

5. Si se acreditara la concurrencia de perjuicio económico en los términos establecidos en el apartado anterior, la compensación consistirá en el valor medio que correspondería a un alquiler de vivienda en el entorno en que se encuentre el inmueble, determinado a partir de los índices de referencia del precio del alquiler de vivienda u otras referencias objetivas representativas del mercado de arrendamiento, más los gastos corrientes de la vivienda que acredite haber asumido su propietario, por el período que medie entre que se acordare la suspensión y el momento en el que la misma se levante por auto o por finalizar el estado de alarma.

6. La solicitud de compensación podrá presentarse hasta un mes después de la vigencia del estado de alarma declarado por el Real Decreto 926/2020, de 25 de octubre, debiendo formular el titular de la vivienda una exposición razonada y justificada de la compensación que considere procedente sobre la base de los criterios indicados anteriormente.

Disposición adicional tercera. Utilización de los recursos del Plan Estatal de Vivienda 2018-2021: En el plazo máximo de un mes a partir de la entrada en vigor de este real decreto-ley, el Gobierno aprobará por real decreto las medidas necesarias para que las comunidades autónomas puedan utilizar los recursos del Plan Estatal de Vivienda 2018-2021, regulado por Real Decreto 106/2018, de 9 de marzo, a fin de hacer frente a las compensaciones que puedan proceder en su ámbito territorial según lo establecido en los artículos 1 y 1 bis de este real decreto-ley. En el mismo real decreto se establecerá el procedimiento que se seguirá para la presentación, tramitación y resolución de solicitudes».

plantea dos problemas, uno conceptual y otro práctico.[78] El problema conceptual es que parece calificar a dichas compensaciones como subvenciones o ayudas públicas, cuando en realidad las cantidades que se entreguen han de tener la naturaleza de una reparación del daño. Por su parte, el problema práctico muestra, como mínimo, dos dimensiones: la más que probable insuficiencia cuantitativa de las cantidades; y la complejidad burocrática de su percepción.[79]

---

78. Crítico, de nuevo, el voto particular del magistrado Arnaldo Alcubilla a la STC 9/2023, de 22 de febrero: «Y es, asimismo, cuestionable que vaya acompañada de la compensación económica que sería exigible, pues, pese a las afirmaciones de la sentencia, esa supuesta compensación dista mucho de ser automática. Tal compensación está regulada en las disposiciones adicionales segunda y tercera del Real Decreto-ley 37/2020, de 22 de diciembre, de medidas urgentes para hacer frente a las situaciones de vulnerabilidad social y económica en el ámbito de la vivienda y en materia de transportes. Se trata de una compensación peculiar, en la medida en que se hace con cargo a los recursos del plan estatal de vivienda 2018-2021 y, muy especialmente, porque solo cabe pedirla en un caso muy particular, en que la administración pública incurre un funcionamiento gravemente anormal: cuando, emitido informe por los servicios sociales señalando las medidas adecuadas para atender la situación de vulnerabilidad acreditada, estas medidas no se adoptaran en un plazo de tres meses. Paradójicamente, si los servicios sociales no emiten su informe no comienza a correr ese plazo, por lo que el propietario perjudicado se verá privado en ese supuesto de solicitar la compensación económica por la privación temporal de su bien inmueble. Y, adicionalmente, para solicitar esa compensación se exige que los propietarios perjudicados acrediten que la suspensión del lanzamiento les haya ocasionado perjuicio económico, al encontrarse la vivienda ofertada en venta o arrendamiento con anterioridad a la entrada en el inmueble. Fácilmente se comprueba que la posibilidad de conseguir la compensación económica a la que se refiere la sentencia está sometida a tales restricciones en la normativa que la regula que cabe dudar seriamente de que pueda ser considerada una compensación efectiva».

79. De modo adicional, la Ley 12/2023, de 24 de mayo, por el derecho a la vivienda, y que desarrolla el tenor del art. 47 CE, en su disposición adicional 5ª, al reformar varias disposiciones de la LEC, establece importantes limitaciones para las demandas interpuestas por los denominados «grandes tenedores» frente a «arrendatarios vulnerables». Pero este es un problema distinto.

3. LA NECESIDAD PÚBLICA DE LOS ESTADOS Y EL INCUMPLIMIENTO DE LAS OBLIGACIONES ECONÓMICAS INTERNACIONALES

Desde los inicios de la teorización del estado de necesidad pública, se partió de que la concurrencia de los presupuestos de esta institución también puede justificar los incumplimientos de las obligaciones internacionales de contenido patrimonial previamente contraídas por el Estado. En este sentido ha sido común la referencia a la cláusula *rebus sic stantibus*, unida a la idea de que ningún Estado suscribe acuerdos que lo vincularían incluso en la hipótesis de que estuviera en juego su propia existencia.[80] El caso de la deuda de Argentina, mencionado al inicio, constituye un buen ejemplo de esto.[81] Pues bien, desde 2001 los requisitos de tal estado de necesidad se encuentran determinados en el art. 25 del Proyecto de artículos de la *International Law Commission* sobre la responsabilidad del Estado por hechos internacionalmente ilícitos.[82] Ello, a su vez, se ha presentado como una progresiva «domesticación» del

---

80. *J. Kohler*, ARWP 8 (1915), p. 443.

81. *C. Binder* (2013), p. 376. Ciertamente, la argumentación argentina fue rechazada en algunos laudos arbitrales, por estimar que no se había respetado el principio de subsidiariedad (casos CMS, Sempra, Enron). Sin embargo, en otros fue aceptada (caso LG&E): así, se afirmó que «*an economic recovery package was the only means to respond to the crisis. Although there may have been a number of ways to draft the economic recovery plan, the evidence before the Tribunal demonstrates that an across-the-board response was necessary and the tariffs on public utilities had to be addressed*».

82. *M. C. Hoelck Thjoernelund*, State of Necessity as an Exemption from State Responsibility for Investments, en: von Bogdandy/Wolfrum (eds.), Max Plack Yearbook of United Nations Law 13 (2009), pp. 423 ss.; matizadamente crítico, *R. D. Sloane*, On the Use and Abuse of Necessity in the Law of State Responsibility, The American Journal of International Law 106 (2012), pp. 447 ss.; *C. Binder* (2013), pp. 325 ss.

estado de necesidad del Estado,[83] que ha permitido pasar de la máxima «*necessity knows no law*» a la configuración de una «*law of necessity*» de modo que la actuación estatal sea siempre debidamente justiciable.[84] El referido art. 25 (Estado de necesidad) dispone que:

> «1. Un Estado no puede invocar el estado de necesidad como causa de exclusión de la ilicitud de un hecho que no esté en conformidad con una obligación internacional de ese Estado, a menos que ese hecho
>
> (a) sea el único medio para el Estado de salvaguardar un interés esencial contra un peligro grave e inminente; y
>
> (b) no afecte gravemente a un interés esencial del Estado o de los Estados con relación a los cuales existe la obligación, o de la comunidad internacional en su conjunto.[85]
>
> 2. En cualquier caso, el estado de necesidad no podrá ser invocado por un Estado como causa de exclusión de la ilicitud si
>
> (a) la obligación internacional en cuestión excluye la posibilidad de invocar el estado de necesidad; o
>
> (b) el Estado ha contribuido a la situación de necesidad».

---

83. *C. Binder* (2013), p. 383.

84. Dando lugar, en su caso, a una indemnización: *C. Binder* (2013), pp. 430 ss. A este respecto, el art. 27 del Proyecto (Consecuencias de la invocación de una circunstancia que excluye la ilicitud), dispone: «La invocación de una circunstancia que excluye la ilicitud en virtud del presente capítulo se entenderá sin perjuicio de: a) El cumplimiento de la obligación de que se trate, en el caso y en la medida en que la circunstancia que excluye la ilicitud haya dejado de existir; b) La cuestión de la indemnización de cualquier pérdida efectiva causada por el hecho en cuestión».

85. A este respecto, es importante lo dispuesto en el art. 26 del Proyecto (Cumplimiento de normas imperativas) para excluir la vulneración de normas de *ius cogens*: «Ninguna disposición del presente capítulo excluirá la ilicitud de cualquier hecho de un Estado que no esté en conformidad con una obligación que emana de una norma imperativa de derecho internacional general».

III.

LA AFECTACIÓN DE LA INTIMIDAD O DE LA LIBERTAD INDIVIDUALES

1. LA AFECTACIÓN POR PARTE DE LOS ÓRGANOS DEL ESTADO

1.1. La libertad general de acción y la intimidad

Un estado de necesidad pública puede legitimar no solo la injerencia estatal en la propiedad privada, sino también la que tenga lugar sobre los derechos a la libertad general y a la intimidad de terceros ajenos a la fuente de peligro. Es importante subrayarlo porque, a diferencia de lo que sucede con la propiedad, estos últimos ostentan el rango de derechos fundamentales. El art. 52.1 de la Carta de derechos fundamentales de la UE se pronuncia sobre este punto de modo expreso,[86] mientras que la Constitución española es menos clara al respecto.

---

86. Así, tras señalar que cualquier limitación del ejercicio de los derechos y libertades reconocidos por la Carta deberá ser establecida por la ley y respetar el contenido esencial de dichos derechos y libertades, establece concretamente que: «Sólo se podrán introducir limitaciones, respetando el principio de proporcionalidad, cuando sean necesarias y respondan efectivamente a objetivos de in-

Sea como fuere, desde luego la autoridad puede suspender o limitar una manifestación pacífica para neutralizar el riesgo de la alteración del orden público que se derivaría de la previsible contramanifestación violenta. O, igualmente, puede hacer soportar a los automovilistas la restricción de su libertad de movimientos generada por una manifestación no autorizada que interrumpe el tráfico. Ello, para evitar que la situación de conflicto entre unos y otros pueda degenerar en un empeoramiento todavía mayor del orden público. A este respecto, cabe considerar, por ejemplo, los supuestos de hecho previstos en los arts. 17, 21 y 23 de la Ley 4/2015, de 30 de marzo, de Protección de la Seguridad Ciudadana.[87] Ahora bien, para que

---

terés general reconocidos por la Unión o a la necesidad de protección de los derechos y libertades de los demás».

87. Así el art. 17 (Restricción del tránsito y controles en las vías públicas): «1. Los agentes de las Fuerzas y Cuerpos de Seguridad podrán limitar o restringir la circulación o permanencia en vías o lugares públicos y establecer zonas de seguridad en supuestos de alteración de la seguridad ciudadana o de la pacífica convivencia, o cuando existan indicios racionales de que pueda producirse dicha alteración, por el tiempo imprescindible para su mantenimiento o restablecimiento. Asimismo, podrán ocupar preventivamente los efectos o instrumentos susceptibles de ser utilizados para acciones ilegales, dándoles el destino que legalmente proceda». Igualmente, el art. 21 (Medidas de seguridad extraordinarias): «Las autoridades competentes podrán acordar, como medidas de seguridad extraordinarias, el cierre o desalojo de locales o establecimientos, la prohibición del paso, la evacuación de inmuebles o espacios públicos debidamente acotados, o el depósito de explosivos u otras sustancias susceptibles de ser empleadas como tales, en situaciones de emergencia que las hagan imprescindibles y durante el tiempo estrictamente necesario para garantizar la seguridad ciudadana. Dichas medidas podrán adoptarse por los agentes de la autoridad si la urgencia de la situación lo hiciera imprescindible, incluso mediante órdenes verbales.

A los efectos de este artículo, se entiende por emergencia aquella situación de riesgo sobrevenida por un evento que pone en peligro inminente a personas o bienes y exige una actuación rápida por parte de la autoridad o de sus agentes para evitarla o mitigar sus efectos».

Y el art. 23 (Reuniones y manifestaciones): «1. Las autoridades a las que se refiere esta Ley adoptarán las medidas necesarias para proteger la celebración de re-

estas decisiones de la autoridad sean legítimas es preciso que se sometan a los presupuestos del estado de necesidad policial, que, por cierto, no se llegan a explicitar de modo pleno en ninguna parte. En todo caso es preciso valorar si en el caso concreto se cumplen o no los requisitos de su licitud: la necesidad, la subsidiariedad y la proporcionalidad —así como la ausencia de provocación y de vulneración de deberes especiales—. A este respecto, uno de los problemas más evidentes de estas situaciones conflictivas es que lo afectado —y además de modo seguro— son derechos fundamentales individuales; en cambio, el bien protegido —el orden público, la seguridad o la tranquilidad pública— tiene la naturaleza difusa de los bienes colectivos, a lo que se añade que su afectación no deja de ser una hipótesis más o menos probable. En fin, no siempre estará claro que no existan otros medios menos lesivos para afrontar la supuesta situación de necesidad, ni cabrá excluir que uno de los sujetos involucrados haya provocado la colisión de los bienes en conflicto.

En cuanto a la intimidad domiciliaria, la letra del art. 18 CE dispone que la legitimidad de la entrada en domicilio ajeno requiere el consentimiento del titular, la autorización judicial o que se dé un caso de flagrante delito. Sin embargo, pese a ello, una jurisprudencia constitucional

---

uniones y manifestaciones, impidiendo que se perturbe la seguridad ciudadana. Asimismo, podrán acordar la disolución de reuniones en lugares de tránsito público y manifestaciones en los supuestos previstos en el artículo 5 de la Ley Orgánica 9/1983, de 15 de julio, reguladora del derecho de reunión. También podrán disolver las concentraciones de vehículos en las vías públicas y retirar aquéllos o cualquiera otra clase de obstáculos cuando impidieran, pusieran en peligro o dificultaran la circulación por dichas vías. 2. Las medidas de intervención para el mantenimiento o el restablecimiento de la seguridad ciudadana en reuniones y manifestaciones serán graduales y proporcionadas a las circunstancias. La disolución de reuniones y manifestaciones constituirá el último recurso».

constante en España añade a los tres supuestos mencionados los casos de «estado de necesidad», como situaciones
en las que puede ser legítima la entrada en domicilio ajeno.[88] Por su parte, el art. 15.2 de la mencionada Ley 4/2015,
establece asimismo que es causa legítima suficiente para
la entrada de las fuerzas y cuerpos de seguridad en un domicilio particular «la necesidad de evitar daños inminentes y graves a las personas y a las cosas, en supuestos de
catástrofe, calamidad, ruina inminente u otros semejantes
de extrema y urgente necesidad».

En lo anterior se ha aludido a deberes de omitir y deberes de tolerar (o soportar). En lo relativo a los deberes
de hacer, el art. 30.1 CE establece el «deber de defender a
España»,[89] lo que conlleva obviamente claras limitaciones
de la libertad general y, en particular, de la ambulatoria.
Por su parte, el art. 30.3 CE añade a lo anterior que «podrá establecerse un servicio civil para el cumplimiento de
fines de interés general». En fin, el art. 31.3 CE indica que
«sólo podrán establecerse prestaciones personales (…) de
carácter público con arreglo a la ley».[90] La conclusión ob-
via de todo ello es la habilitación constitucional para que
la autoridad, en estado de necesidad pública y con habilitación legal, pueda imponer a los ciudadanos deberes personales de omitir, de tolerar y de hacer que impliquen restricciones de sus derechos fundamentales de libertad.

---

88. SSTC 22/1984, de 17 de febrero;133/1995, de 25 de septiembre; 228/1997,
de 16 de diciembre; 94/1999, de 31 de mayo; 136/2000, de 29 de mayo; 189/2004,
de 2 de noviembre.
89. «2. La ley fijará las obligaciones militares de los españoles y regulará, con
las debidas garantías, la objeción de conciencia, así como las demás causas de
exención del servicio militar obligatorio, pudiendo imponer, en su caso, una
prestación social sustitutoria».
90. Las prestaciones patrimoniales se han mencionado antes.

1.2. Los internamientos coactivos de personas concretas en estado de necesidad pública defensiva y agresiva

1.2.1. El caso de la situación de necesidad «defensiva»

Más invasiva es la intervención de la autoridad consistente en el internamiento de una persona. En algunos casos, ello puede ser más fácil de justificar, pues se trata de supuestos en los que el propio sujeto afectado es una «fuente de riesgo» (en la terminología del Derecho alemán de policía, un «perturbador» —un «*Störer*»—), de modo que se trata de situaciones de necesidad «defensiva». En efecto, en ocasiones el ser humano puede constituir un «peligro» para los demás, o incluso para sí mismo, hasta el punto de hacer precisa una intervención coactiva de la autoridad para neutralizarlo. Los ejemplos de esta condición peligrosa del ser humano son diversos. Así, por ejemplo, este es el caso de quien sufre una enfermedad infectocontagiosa, como la tuberculosis o el COVID-19; o el de quien padece una patología psíquica que genera de modo comprobado un riesgo de lesión de terceros; o, en fin, el de quien se halla afectado por un trastorno psíquico autodestructivo, como la anorexia. A este respecto, el art. 5.1, letra e) CEDH dispone que: «Nadie puede ser privado de su libertad, salvo en los casos siguientes y con arreglo al procedimiento establecido por la ley: e) Si se trata de la privación de libertad, conforme a derecho, de una persona susceptible de propagar una enfermedad contagiosa, de un enajenado, de un alcohólico, de un toxicómano o de un vagabundo». Aquí, de nuevo, es preciso insistir en que la ley, además de prever el procedimiento, debe sentar los presupuestos sustantivos de la intervención de la autoridad. En particular, la ausencia de una regulación clara de los presupuestos materiales del internamiento coactivo se advierte en los casos de trastorno psíquico, tanto si su fundamento se halla en la protección de terceros, como en la protección de la persona frente a sí misma.[91] Ciertamente, para ello se exige de modo explícito la autorización judicial,[92] pero la ausencia de una determinación pormenorizada de las condiciones materiales debe llevar a adoptar explícitamente la dogmática del estado de necesidad jurídico-penal. En particular, es preciso exigir la constatación positiva (no presuntiva a partir del mero padecimiento de la enfermedad) de que existe un riesgo grave, no susceptible de neutralización por otra vía, de afectación de bienes jurídicos personales propios o de terceros.[93] Por lo demás, la proporcionalidad de la medida que se adopte, teniendo en cuenta la afectación de los derechos fundamentales de la persona internada, adquiere un papel decisivo.

La prisión preventiva, por un lado, y las medidas de seguridad jurídico-penales (postdelictivas), por otro, en realidad no son sino manifestaciones cualificadas de estas medidas personales de necesidad defensiva, eso sí, dictadas en el peculiar contexto garantista de la jurisdicción penal. En cualquier caso, la justificación de su adopción solo puede venir dada por la concurrencia de un estado de necesidad para los bienes jurídico-penales ajenos derivado del

---

91. *C. Hillgruber*, Der Schutz des Menschen vor sich selbst, 1992, pp. 121 ss.

92. El procedimiento relativo a la autorización judicial del internamiento no voluntario por razón de trastorno psíquico se contiene en el art. 763 LEC.

93. *D. Kuch*, Freiheitsentziehung, 2023, pp. 220 ss.; *G. Erikssen*, Die besonderen Sicherungsmaßnahmen in der öffentlich-rechtlichen Unterbringung, 2024, pp. 75 ss., 119 ss.; en particular, sobre injerencias adicionales al internamiento en sí (aislamiento, privación de objetos, etc.), pp. 137 ss.

riesgo procedente del sujeto a quien se le imponen.[94] A este respecto, el art. 5.1 CEDH dispone que: «Nadie puede ser privado de su libertad, salvo en los casos siguientes y con arreglo al procedimiento establecido por la ley: a) Si ha sido privado de libertad legalmente en virtud de una sentencia dictada por un tribunal competente; b) Si ha sido detenido o privado de libertad, conforme a derecho, por desobediencia a una orden judicial o para asegurar el cumplimiento de una obligación establecida por la ley; c) Si ha sido detenido y privado de libertad, conforme a derecho, para hacerle comparecer ante la autoridad judicial competente, cuando existan indicios racionales de que ha cometido una infracción o cuando se estime necesario para impedirle que cometa una infracción o que huya después de haberla cometido».[95]

En fin, la idea de un estado de necesidad policial o de seguridad pública de naturaleza defensiva —en los términos de una medida cautelar vinculada a la comisión de una infracción administrativa—[96] es la que subyace a la existencia y funcionamiento de los centros de internamiento de extranjeros.[97] A este respecto, el art. 5.1 CEDH estable-

---

94. *M. Köhler*, Strafrecht. AT, 1997, pp. 55 ss.

95. En cambio, las penas y las sanciones administrativas (incluidos los pagos de multas o el trabajo en provecho de la comunidad), dado su carácter punitivo, responden a una lógica distinta de la del estado de necesidad.

96. Así, el art. 62 bis de la L.O. 4/2000, de 11 de enero sobre derechos y libertades de los extranjeros en España y su integración social, reformada por la L.O. 14/2003, de 20 de noviembre y la L.O. 2/2009, de 11 de diciembre: «1. Los centros de internamiento de extranjeros son establecimientos públicos de carácter no penitenciario; el ingreso y estancia en los mismos tendrá únicamente finalidad preventiva y cautelar, salvaguardando los derechos y libertades reconocidos en el ordenamiento jurídico, sin más limitaciones que las establecidas a su libertad ambulatoria, conforme al contenido y finalidad de la medida judicial de ingreso acordada».

97. R.D. 162/2014, de 14 de marzo, por el que se aprueba el reglamento de funcionamiento y régimen interior de los centros de internamiento de extranjeros.

ce que: «Nadie puede ser privado de su libertad, salvo en los casos siguientes y con arreglo al procedimiento establecido por la ley: f) Si se trata de la detención o de la privación de libertad, conforme a derecho, de una persona para impedir su entrada ilegal en el territorio o contra la cual esté en curso un procedimiento de expulsión o extradición».

1.2.2. *Los deberes de soportar internamientos por razones de necesidad pública agresiva*

A caballo entre el estado de necesidad defensivo y agresivo se encuentran los casos de los internamientos de menores en situación de riesgo. En este punto, el art. 5.1 CEDH dispone que: «Nadie puede ser privado de su libertad, salvo en los casos siguientes y con arreglo al procedimiento establecido por la ley: d) Si se trata de la privación de libertad de un menor en virtud de una orden legalmente acordada con el fin de vigilar su educación o de su detención, conforme a derecho, con el fin de hacerle comparecer ante la autoridad competente». En efecto, los menores de dieciocho años en condiciones de riesgo psicológico y social están sujetos a las disposiciones de la L.O. 1/1996, de 15 de enero, de Protección Jurídica del Menor. Igualmente lo están los menores de catorce años sospechosos de haber cometido un delito.[98] Tales preceptos tienen un contenido básicamente tutelar que, en ciertos casos, como último recurso, puede hacer necesario el ingreso de los menores en centros de protección específicos.[99] Esto pone

---

98. Así, el art. 3 de la L.O. 5/2000, de 12 de enero, reguladora de la Responsabilidad penal de los Menores.

99. Así, los arts. 25 y ss. de la L.O. 1/1996, de 15 de enero, de Protección Jurídica del Menor, que subrayan los requisitos de necesidad, subsidiariedad y pro-

de relieve que no se trata únicamente de proteger a la sociedad, sino también —y sobre todo— de salvaguardar el interés del menor frente a sus propios actos.[100] En definitiva, en estos casos existe una dimensión de «colisión interna de bienes».

1.2.3. El estado de necesidad agresivo y los deberes de hacer: las «prestaciones personales obligatorias»

Las limitaciones de la libertad legitimadas en virtud de una necesidad pública no solo pueden tener lugar mediante el establecimiento de los mencionados deberes de omitir y de tolerar (o soportar), sino también a través de la imposición de deberes de hacer, a los que se alude con la expresión de «prestaciones personales obligatorias». De modo general, lo establece el art. 7.2 de la L.O. 4/2015: «Las autoridades y órganos competentes y los miembros de las Fuerzas y Cuerpos de Seguridad podrán recabar de los particulares su ayuda y colaboración en la medida necesaria para el cumplimiento de los fines previstos en esta Ley, especialmente en los casos de grave calamidad pública o catástrofe extraordinaria, siempre que ello no implique riesgo personal para los mismos».[101] Ello se impone de modo cualificado en el Código penal a propósito de situaciones especialmente graves para los bienes jurídicos intrínsecos de personas concretas. Así, una de las prestaciones personales más patentes es la que consiste en el cumplimiento

---

porcionalidad. El procedimiento de la autorización judicial para el ingreso se establece en el art. 778 bis LEC.

100. También, de ciertos actos de terceros.

101. La negativa se sancionaría a través del delito de desobediencia (art. 556 CP).

del deber de socorro a cualquier persona que se halle desamparada y en peligro manifiesto y grave, que impone el art. 195 CP; otra, el del deber de impedir determinados delitos del art. 450 CP. En ambos casos, igualmente, se da una causa de exclusión de la antijuridicidad de la omisión del deber de socorro o del deber de impedir el delito. A saber, que exista un «riesgo propio» o «de terceros», aunque no queda claro de qué entidad.[102]

La imposición de prestaciones personales debe dar lugar a alguna forma de indemnización. En particular, debe ser indemnizado quien sufre daños personales o patrimoniales como consecuencia de la prestación del debido socorro o del impedimento debido de un delito.[103] A este respecto, el sujeto dañado puede ser el propio socorrista o un tercero. Así, por ejemplo, el propietario de un bote utilizado para ir al rescate de quien se está ahogando, que sufre desperfectos como consecuencia de ello. En este contexto, como en general en el estado de necesidad, rige lo dispuesto en el ya mencionado art. 118.1. 3° CP español, que establece la responsabilidad civil directa del sujeto necesitado —no del auxiliador— en proporción al peligro que se le haya evitado.[104] Por su parte, el citado art. 7.2. de

---

102. *A. Slavny*, Alon Harel on How to Deliberate Permissibly, CL&Phil 11 (2017), pp. 833 ss., 835-836: «*Many people believe that we have a duty to rescue others at some, though not any, level of cost to ourselves. If so, there must be a threshold beyond which the cost of saving someone is too great to create a duty of rescue. It is far from clear where this threshold lies and any precise stipulation will seem arbitrary, but this is not ordinarily taken as a reason to disavow the duty*».

103. Con todo, hay que subrayar que no parece haberse pensado en una indemnización por el «trabajo» invertido para prestar el socorro o evitar el delito.

104. En fin, pueden mencionarse los arts. 128, 129 y 130 de R. D. Legislativo 2/2004, de 5 de marzo, por el que se aprueba el texto refundido de la Ley Reguladora de las Haciendas Locales. En ellos se especifican «la prestación personal y de transporte para la realización de obras de la competencia municipal o que hayan sido cedidas o transferidas por otras entidades públicas» que pueden

la Ley Orgánica 4/2015, en su último inciso, también dispone que «quienes sufran daños y perjuicios por estas causas serán indemnizados de acuerdo con las leyes».

1.3. Los presupuestos de una restricción —y, en su caso, suspensión— general de los derechos de libertad por parte del Estado

1.3.1. Los deberes de omitir, de soportar y de hacer en contextos de catástrofes generales

Hasta aquí se han mostrado casos singulares de restricción de derechos de libertad por razones de necesidad pública. Sin embargo, tal restricción puede tener lugar con carácter general, para los integrantes de un determinado territorio, o incluso para el de toda la comunidad política. A este respecto, el art. 30.4 CE dispone que «mediante ley podrán regularse los deberes de los ciudadanos en los casos de grave riesgo, catástrofe o calamidad pública». Para ello, no es necesario que se declare siquiera el estado constitucional de alarma. Así, en lo relativo a los deberes de omitir y soportar, los artículos 2 y 3 de la Ley Orgánica 3/1986, de 14 de abril, de Medidas Especiales en Materia de Salud Pública, establecen las medidas de hospitalización o control que pueden adoptar las autoridades, en el caso de enfermedades transmisibles, para conjurar el peligro para la salud de la población.[105] Igualmente lo hace

---

imponer los ayuntamientos con población de derecho no superior a 5.000 habitantes (art. 128.1).

105. Así, el art. 2: «Las autoridades sanitarias competentes podrán adoptar medidas de reconocimiento, tratamiento, hospitalización o control cuando se aprecien indicios racionales que permitan suponer la existencia de peligro para la salud de la población debido a la situación sanitaria concreta de una persona o grupo de personas o por las condiciones sanitarias en que se desarrolle una ac-

el art. 52.3 de la Ley 33/2011. En efecto, parece coherente que, ante una situación de necesidad sanitaria, sea lícito producir limitaciones temporales de la libertad de movimientos de una generalidad de terceros ajenos al foco de peligro. En este contexto, el caso paradigmático del recurso al estado de necesidad agresivo es el internamiento o confinamiento de sujetos sanos, cuya potencial infección podría dar lugar a la propagación de una enfermedad infectocontagiosa que todavía ni siquiera padecen ellos.[106] En lo que hace a los deberes de hacer, imponen «prestaciones personales obligatorias», en contextos de crisis sanitarias, por ejemplo, el art. 26 de la Ley 14/1986;[107] el art.

---

tividad»; y el art. 3: «Con el fin de controlar las enfermedades transmisibles, la autoridad sanitaria, además de realizar las acciones preventivas generales, podrá adoptar las medidas oportunas para el control de los enfermos, de las personas que estén o hayan estado en contacto con los mismos y del medio ambiente inmediato, así como las que se consideren necesarias en caso de riesgo de carácter transmisible».

106. Justificándolo desde una perspectiva matizadamente utilitarista, *J. D. Oblin*, Pandemics, Quarantines, Utility, and Dignity, Michigan St. L. R. 2021, pp. 541 ss. Crítica sobre las cuarentenas que afectan a sujetos no infectados, *L. Rösinger*, Eingriffsprinzipien und Rechtfertigungsnarrative in der Pandemie, ZRph 6 (2022-2023), pp. 48 ss., mostrando cómo en ellas se disuelve la distinción entre el «*Störer*» (foco de peligro=sujeto infectado) y el «*Nichtstörer*» (sujeto no infectado) y, con ello, la que existe entre el estado de necesidad defensivo y agresivo.

107. «1. En caso de que exista o se sospeche razonablemente la existencia de un riesgo inminente y extraordinario para la salud, las autoridades sanitarias adoptarán las medidas preventivas que estimen pertinentes, tales como la incautación o inmovilización de productos, suspensión del ejercicio de actividades, cierres de empresas o sus instalaciones, intervención de medios materiales y personales y cuantas otras se consideren sanitariamente justificadas».

54.2 de la Ley 33/2011;[108] el art. 7.2 de la Ley 4/2015;[109] y, en fin, el art. 7 bis 2 de la Ley 17/2015.[110] Igualmente lo hace, para otro contexto, la Ley 36/2015, de 28 de septiembre.[111]

---

108. «2. En particular, sin perjuicio de lo previsto en la Ley 14/1986, de 25 de abril, General de Sanidad, la autoridad competente podrá adoptar, mediante resolución motivada, las siguientes medidas:

a) La inmovilización y, si procede, el decomiso de productos y sustancias.

b) La intervención de medios materiales o personales.

c) El cierre preventivo de las instalaciones, establecimientos, servicios e industrias.

d) La suspensión del ejercicio de actividades.

e) La determinación de condiciones previas en cualquier fase de la fabricación o comercialización de productos y sustancias, así como del funcionamiento de las instalaciones, establecimientos, servicios e industrias a que se refiere esta ley, con la finalidad de corregir las deficiencias detectadas.

f) Cualquier otra medida ajustada a la legalidad vigente si existen indicios racionales de riesgo para la salud incluida la suspensión de actuaciones de acuerdo a lo establecido en el Título II de esta ley.

3. Las medidas se adoptarán previa audiencia de los interesados, salvo en caso de riesgo inminente y extraordinario para la salud de la población y su duración no excederá del tiempo exigido por la situación de riesgo que las motivó. Los gastos derivados de la adopción de medidas cautelares contempladas en el presente artículo correrán a cargo de la persona o empresa responsable.

Las medidas que se adopten deberán, en todo caso, respetar el principio de proporcionalidad».

109. Este precepto establece el deber de los particulares de ayuda y colaboración con las autoridades para el cumplimiento de los fines previstos en dicha ley, «especialmente en los casos de grave calamidad pública o catástrofe extraordinaria, siempre que ello no implique riesgo personal para los mismos», añadiendo que «quienes sufran daños y perjuicios por estas causas serán indemnizados de acuerdo con las leyes».

110. «En los casos de emergencia, cualquier persona, a partir de la mayoría de edad, estará obligada a la realización de las prestaciones personales que exijan las autoridades competentes en materia de protección civil, sin derecho a indemnización por esta causa, y al cumplimiento de las órdenes e instrucciones, generales o particulares, que aquéllas establezcan».

111. Así, el art. 7.1 (Colaboración privada), de la Ley 36/2015, de 28 de septiembre, de Seguridad Nacional: «Las entidades privadas, siempre que las circunstancias lo aconsejen y, en todo caso, cuando sean operadoras de servicios esenciales y de infraestructuras críticas que puedan afectar a la Seguridad Na-

La cuestión, en todos estos casos, es de nuevo si se respetan o no los requisitos de licitud del estado de necesidad. La impresión general es la acogida de criterios flexibles para la adopción de las medidas de limitación de derechos. A este respecto, recientemente, la STEDH de 17 de octubre de 2024 (Caso Central Unitaria de Traballadores/as[112] c. España) ha estimado que, en el contexto de la pandemia del COVID-19, la prohibición de una manifestación de trabajadores el día 1 de mayo no vulnera la protección que el CEDH dispensa al derecho de reunión. Ello, atendida la necesidad de proteger la salud individual y pública y ponderando el derecho de reunión frente al derecho a la vida y la integridad física, así como la obligación constitucional del Estado de proteger la salud pública.[113] Con todo, la cuestión, que plantea el voto particular a la sentencia, es si no cabían otras soluciones de conformidad con el principio de subsidiariedad. Por ejemplo, la autorización de la manifestación condicionada al porte de mascarillas, guardando la distancia de seguridad, etc.

1.3.2. El denominado «Derecho constitucional de excepción» como mecanismo de aprehensión parcial de un «estado de necesidad del Estado»

Más allá de todo lo anterior se encuentran aquellas situaciones en las que lo procedente es declarar los estados constitucionales de alarma, excepción y sitio, con los que

---

cional, deberán colaborar con las Administraciones Públicas. El Gobierno establecerá reglamentariamente los mecanismos y formas de esta colaboración».

112.   Se mantiene aquí el original gallego del nombre de la entidad sindical.

113.   En realidad, no era el derecho a la vida lo que estaba en juego, sino una probabilidad relativa de difusión de una enfermedad.

se pretende afrontar jurídicamente una situación de anormalidad constitucional.[114] En efecto, sobre la base de lo dispuesto en el art. 116 CE, el art. 1° de la L.O. 4/1981, en su apartado uno, señala que «procederá la declaración de los estados de alarma, excepción o sitio cuando circunstancias extraordinarias hiciesen imposible el mantenimiento de la normalidad mediante los poderes ordinarios de las Autoridades competentes». Como en los supuestos anteriores, también se trata aquí de un estado de necesidad pública, que, según la doctrina, tiene un carácter «social» en el caso del estado de alarma y «político» en los de excepción y sitio.[115] Ahora bien, tal y como corresponde a la lógica de la necesidad, también aquí las medidas que se adopten deben ser, en su contenido y duración, las «estrictamente indispensables» —principios de necesidad y de subsidiariedad— y su aplicación ha de tener lugar «de forma proporcionada».[116]

Ello comprende, de nuevo, la imposición de deberes generales de omitir y de tolerar (o soportar).[117] Sin embargo, en el marco del estado de alarma, el art. 11 b) de la L.O. 4/1981, habilita igualmente para imponer deberes de hacer, esto es, «prestaciones personales obligatorias» a todos los ciudadanos. Por su parte, el art. 9.1 permite que la autoridad competente asigne «servicios extraordinarios por su duración y por su naturaleza» al personal (funcionario o laboral) al servicio de todas las Administraciones Públi-

---

114. *P. Cruz Villalón*, El nuevo Derecho de excepción, REDConst 1 (1981), pp. 93 ss.
115. Así, el art. 4° L.O. 4/1981.
116. *P. Cruz Villalón*, REDConst 1 (1981), p. 117, ya indicaba que los dos principios del derecho de excepción son los de necesidad y de proporcionalidad.
117. Ya a propósito de la «crisis de los controladores aéreos» de 2010: STC 83/2016, de 28 de abril.

cas. En el ejemplo más reciente, otro tanto lleva a cabo el art. 8 del Real Decreto 463/2020, de 14 de marzo.[118]

En este punto, existe acuerdo en que el estado de alarma no habilita la «suspensión», sino solo la restricción o «limitación» de derechos; en cambio, para la suspensión de los derechos es precisa la declaración del estado de excepción.[119] Cuestión distinta es que sea pacífico qué significa cada uno de esos términos, en relación con lo cual compiten doctrinas diferenciadoras cuantitativas y cualitativas.[120] Esta diatriba también incide en la polémica cuestión de si, dada una determinada afectación de los derechos individuales como la que tuvo lugar en virtud de las medidas adoptadas en España durante la pandemia, lo procedente era declarar el estado de excepción, en lugar del estado de alarma, o incluso si en realidad habría que crear un nuevo estado constitucional de excepción, que se denominara precisamente «estado de pandemia».[121] La insuficiencia de la declaración del estado de alarma fue la tesis sosteni-

---

118. «2. En los mismos términos podrá imponerse la realización de prestaciones personales obligatorias imprescindibles para la consecución de los fines de este Real Decreto».

119. Así, el art. 13°, 2 a) L.O. 4/1981, que establece que «los derechos cuya suspensión se solicita no podrán ser otros que los enumerados en el apartado uno del artículo cincuenta y cinco de la Constitución». Lo decisivo del estado de sitio es que su declaración podrá «podrá autorizar, además de lo previsto para los estados de alarma y excepción, la suspensión temporal de las garantías jurídicas del detenido que se reconocen en el apartado tres del artículo diecisiete de la Constitución» (art. 32°, 3°).

120. La cuestión es si «suspender» significa restringir o limitar intensamente o, en cambio, derogar temporalmente.

121. Sobre la polémica, a favor de la procedencia del estado de excepción, *F.J. Álvarez García*, Estado de alarma o de excepción, EPC XL (2020), pp. 1 ss.; también a favor, *T.R. Fernández Rodríguez*, El derecho de excepción, Eunomia 25 (2023), pp. 131 ss. Distinto, *G. Doménech Pascual*, Dogmatismo contra pragmatismo (Dos maneras de ver las restricciones de derechos fundamentales impuestas con ocasión de la Covid-19), InDret 4/2022, pp. 345 ss., 377 ss.

da por la STC 148/2021, de 14 de julio, a propósito, en concreto, de la afectación del derecho a circular libremente por el territorio. Con todo, la doctrina contenida en dicha sentencia ha sido modificada por el propio Tribunal Constitucional, en sentencia 136/2024, de 5 de noviembre, en un discutido ejemplo de *overruling*.

En medio de un debate bastante acalorado, sorprendentemente ha sido menos discutida la cuestión de si las medidas adoptadas en el estado de alarma eran materialmente necesarias, subsidiarias y proporcionadas desde la lógica del estado de necesidad, es decir, si realmente todas ellas respondían a las exigencias sustantivas de un estado de necesidad jurídico-público, con independencia del problema competencial y de procedimiento.[122]

1.3.3. *La cuestión de la reparación de los daños*

Una cuestión especialmente oscura es la relativa a las indemnizaciones de las personas afectadas por estados de necesidad pública. El art. 3°.2. de la L.O. 4/1981, establece el derecho a la indemnización de todos los afectados

---

122.   En cambio, la discusión en Alemania sobre este punto es intensa. Crítica sobre las medidas adoptadas, desde la concepción del estado de necesidad propia de la filosofía del idealismo, *L. Rösinger*, ZRph 6 (2022-2023), pp. 48 ss. También, *D. Murswiek*, Schutzpflicht für das Leben und Schutz vor Lebensrisiken, ZRph 6 (2022-2023), pp. 75 ss, 84 ss., mostrando una errónea ponderación entre la «reducción del riesgo de infección», por un lado, y las «limitaciones radicales de la libertad»; en definitiva, una vulneración del principio de proporcionalidad. Menos contundente, *L. Greco*, Ausnahmezustand, Beamter, Bürger, ZRph 6 (2022-2023), pp. 89 ss., si bien rechazando la propia noción de proporcionalidad como consecuencialista e instrumentalizadora —es más, afirmando que el modelo de persona de la Ley Fundamental de Bonn («*Gemeinschaftsbezogenheit und Gemeinschaftsgebundenheit der Person*») conduce a una funcionalización de aquélla— (pp. 92-94).

por los daños que no les sean imputables;[123] igualmente
lo prevé el mencionado art. 7.2 de la Ley 4/2015. En cambio, el art. 7 bis[124] de la Ley 17/2015,[125] que en su apartado 3. prevé la indemnización de daños materiales, en el
apartado 2. lo rechaza para las prestaciones personales.[126]
Por su parte, el art. 54 de la Ley 33/2011 establece la responsabilidad de la persona o empresa responsable.[127] A
este respecto, es razonable lo que dispone el art. 32.2. de
la Ley 40/2015, de 2 de octubre, de Régimen jurídico del
Sector Público, que circunscribe los supuestos de indemnización a aquellos en los que el daño sea «individualiza-
do con relación a una persona o grupo de personas». En
efecto, no parece tener sentido que el Estado indemnice

123. «Quienes como consecuencia de la aplicación de los actos y disposiciones
adoptadas durante la vigencia de estos estados sufran, de forma directa, o en su
persona, derechos o bienes, daños o perjuicios por actos que no les sean imputables, tendrán derecho a ser indemnizados de acuerdo con lo dispuesto en las
leyes».
124. «3. Cuando la naturaleza de las emergencias lo haga necesario, las autoridades competentes en materia de protección civil podrán proceder a la requisa
temporal de todo tipo de bienes, así como a la intervención u ocupación transitoria de los que sean necesarios y, en su caso, a la suspensión de actividades.
Quienes como consecuencia de estas actuaciones sufran perjuicios en sus bienes y servicios, tendrán derecho a ser indemnizados de acuerdo con lo dispuesto en las leyes».
125. Derogatoria de la Ley 2/1985, de 21 de enero, de Protección Civil.
126. «2. En los casos de emergencia, cualquier persona, a partir de la mayoría
de edad, estará obligada a la realización de las prestaciones personales que exijan las autoridades competentes en materia de protección civil, sin derecho a indemnización por esta causa, y al cumplimiento de las órdenes e instrucciones,
generales o particulares, que aquellas establezcan».
127. «3. Las medidas se adoptarán previa audiencia de los interesados, salvo en
caso de riesgo inminente y extraordinario para la salud de la población y su duración no excederá del tiempo exigido por la situación de riesgo que las motivó. Los gastos derivados de la adopción de medidas cautelares contempladas en
el presente artículo correrán a cargo de la persona o empresa responsable.
Las medidas que se adopten deberán, en todo caso, respetar el principio de proporcionalidad».

a «todos». Sin embargo, en todos los casos mencionados, salvo quizá en el de la Ley 4/1981, se trata de situaciones de sacrificio especial. Por lo tanto, parece darse el presupuesto de aquella clásica máxima del Derecho público alemán que rezaba, y reza todavía, *«Dulde und Liquidiere»*.[128] Dejando esto aparte, parece claro que el cálculo económico del monto de la reparación de las lesiones de derechos personales siempre resulta muy problemático. Es más, incluso cabe afirmar que, cuando una situación de necesidad afecta a amplias capas de la población, al Estado le resulta imposible asumir tal indemnización, de modo que acaba rigiendo el principio *casum sentit dominus* (es decir, que al sujeto que sufre la lesión le toca soportarla).[129]

1.3.4. Las cláusulas de estado de necesidad del art. 72 del TFUE y del art. 15.1 CEDH

En contextos de necesidad como los mencionados, pero también en otros menos drásticos, se plantea si cabe establecer limitaciones a la libre circulación de personas que es uno de los principios que definen a la Unión Europea. Pues bien, a este respecto cabe mencionar la cláusula de necesidad del art. 72 TFUE. Esta, para situaciones como las descritas, pero también, por ejemplo, a propósito del cierre de fronteras con ocasión de una crisis migratoria, dispone que «el presente título se entenderá sin

---

128. Esta trataba de sintetizar el contenido del deber de sacrificio especial del ciudadano afectado en sus derechos personales por la actuación del Estado en defensa del bien común (§§ 74 y 75 de la Introducción al *Preußisches Allgemeines Landrecht* de 1794), que como contrapartida tenía derecho a una reparación del daño.
129. Sobre la dificultad de sostener la procedencia de una indemnización a un amplio colectivo de personas y, por otro lado, la difícil traducción de su sacrificio en un monto dinerario, *J. D. Ohlin*, Michigan St. L. R. 2021, pp. 567-568.

perjuicio del ejercicio de las responsabilidades que incumben a los Estados miembros en cuanto al mantenimiento del orden público y la salvaguardia de la seguridad interior».[130] Otro tanto puede afirmarse con respecto al texto del art. 36 TFUE en lo relativo a la libre circulación de las mercancías.[131]

Por su parte, la cláusula de estado de necesidad del CEDH sí se refiere a los casos más extremos.[132] En efecto, en ella se pretende aprehender aquella situación excepcional de crisis o emergencia que afecta a la totalidad de la población y que constituye una amenaza para la

130. La STJUE de 5 de diciembre de 2023 (dictada en la causa C-128/22, caso Nordic Info) avaló las medidas adoptadas por Bélgica en el contexto de la pandemia: prohibiciones de viajar, así como exigencias de tests diagnósticos y de cuarentenas.
131. Así: «Las disposiciones de los artículos 34 y 35 no serán obstáculo para las prohibiciones o restricciones a la importación, exportación o tránsito justificadas por razones de orden público, moralidad y seguridad públicas, protección de la salud y vida de las personas y animales, preservación de los vegetales, protección del patrimonio artístico, histórico o arqueológico nacional o protección de la propiedad industrial y comercial. No obstante, tales prohibiciones o restricciones no deberán constituir un medio de discriminación arbitraria ni una restricción encubierta del comercio entre los Estados miembros».
132. Así, el art. 15: «1. En caso de guerra o de otro peligro público que amenace la vida de la nación, cualquier Alta Parte Contratante podrá tomar medidas que deroguen las obligaciones previstas en el presente Convenio en la estricta medida en que lo exija la situación, y a condición de que tales medidas no estén en contradicción con las restantes obligaciones que dimanan del derecho internacional.
2. La disposición precedente no autoriza ninguna derogación del artículo 2, salvo para el caso de muertes resultantes de actos lícitos de guerra, ni de los artículos 3, 4 (párrafo 1) y 7.
3. Toda Alta Parte Contratante que ejerza este derecho de derogación tendrá plenamente informado al Secretario General del Consejo de Europa de las medidas tomadas y de los motivos que las han inspirado. Deberá igualmente informar al Secretario General del Consejo de Europa de la fecha en que esas medidas hayan dejado de estar en vigor y las disposiciones del Convenio vuelvan a tener plena aplicación».

vida organizada de la comunidad constituida en Estado. Así, en concreto, el art. 15.1 CEDH regula la derogación de las obligaciones del Convenio en casos de «estado de necesidad del Estado», esto es, de guerra «o de otro peligro público que amenace la vida de la nación». Ciertamente, los Estados disponen de un margen de apreciación para acogerse a dicha cláusula o no, lo que parece razonable en la medida en que son quienes mejor pueden apreciar la concurrencia de sus presupuestos. Ahora bien, las decisiones adoptadas por los Estados deberán ceñirse a «la estricta medida en que lo exija la situación, y a condición de que tales medidas no estén en contradicción con las restantes obligaciones que dimanan del derecho internacional».[133]

2. LA AFECTACIÓN POR PARTICULARES

Un particular en estado de necesidad también puede lesionar la intimidad domiciliaria y la libertad de terceros. Desde luego, en contra de la posibilidad de un estado de necesidad jurídico-penal justificante en estos casos no cabe esgrimir que el derecho a la inviolabilidad de domicilio tiene rango constitucional (art. 18.2 CE), mientras que el derecho de necesidad solo tiene rango legal. Ni siquiera puede afirmarse que la Constitución ha añadido, especificando taxativamente aquel derecho, que «ninguna entrada o registro podrá hacerse en él sin consentimiento del titular o resolución judicial, salvo el caso de flagrante delito». Como ya se ha indicado a propósito de

---

133. *F. Weber*, Notstandskontrolle. Notstand und Beurteilungsspielraum in der Praxis des Europäischen Gerichtshofs für Menschenrechte, 2019; *St. Kadelbach*, FS f. R. Hofmann, 2023, pp. 255 ss., 265.

los casos de necesidad pública, una justificación adicional, reconocida por el Tribunal Constitucional, es el estado de necesidad. De no ser así, los voluntarios que tratan de controlar un incendio devastador no podrían entrar en un domicilio cerrado, contra la voluntad de su titular, para intentar crear un cortafuegos. En definitiva, ante una situación de necesidad para la vida o la salud propias o ajenas, es lícito afectar a la intimidad o producir limitaciones temporales de la libertad de movimientos de terceros.

En cambio, resulta más discutido que un particular pueda afectar a la libertad ajena mediante la exigencia de prestaciones corporales activas.[134] En este punto conviene sentar distinciones. El caso que aquí interesa es el de quien, ante una situación de necesidad de un tercero, coacciona a un médico obligado a socorrerle, a que lo haga. En contra, se alega que la exigencia de prestaciones en estado de necesidad responde a la lógica del trabajo forzado. Sin embargo, no se entiende por qué un sujeto sí puede alienar prestaciones personales a cambio de dinero y, en cambio, no puede ser forzado a llevarlas a cabo cuando está obligado a hacerlo frente a un tercero que se encuentra en estado de necesidad. Desde luego, es cierto que la licitud de la relación laboral requiere el consentimiento del sujeto y la adecuación de la prestación a un procedimiento. Sin embargo, así las cosas, no se advierte que exista una razón jurídico-penal que impida forzar a otro a una determinada prestación debida, cuando concurre un estado de necesidad para bienes personales intrínsecos. Eso sí, tanto la limitación temporal

---

134. A favor del socorro forzoso, *M. Köhler* (2017), pp. 289-290; en contra, *Helmers* (2016), pp. 251, 257-258.

de la libertad como la prestación laboral forzada deben ser objeto de compensación económica.

IV.

La afectación a la integridad física de las personas

1. PLANTEAMIENTO

Las autoridades, que pueden injerirse en estado de necesidad en los derechos fundamentales a la libertad y la intimidad de terceros, incluida la libertad ambulatoria, también pueden llevar a cabo injerencias adicionales. Por ejemplo, una de ellas es la administración de tranquilizantes a los internos con patologías psiquiátricas, o bien su contención o sujeción física, lo que implica una afectación más grave,[135] en la medida en que implica incidir sobre la integridad física.[136] En todo caso, ello hace preciso abordar el problema de los tratamientos coactivos en estado de necesidad, con la finalidad de distinguir su dimensión defensiva y agresiva, así como, dentro de esta última, la que puede tener lugar para salvaguardar un bien del sujeto

---

135. *G. Erikssen* (2024), pp. 252 y ss., 273 ss.
136. Otro ejemplo, muy distinto, en el que no es posible entrar aquí, es el de la alimentación coactiva de presos en huelga de hambre. En efecto, en este incide la relación del interno con la administración penitenciaria.

afectado, bienes de terceros o, en fin, la seguridad o la salud pública.

2. LA INJERENCIA EN LA INTEGRIDAD FÍSICA DE TERCEROS EN CASOS DE NECESIDAD PÚBLICA O PRIVADA DEL PROPIO TERCERO AFECTADO

Es común afirmar que los tratamientos médicos coactivos son ilícitos. Sin embargo, ello resulta demasiado simplista. En efecto, un tratamiento médico coactivo puede legitimarse por razones de necesidad, como se pone de relieve en los ordenamientos jurídicos en los que se admite la vacunación forzosa. Ciertamente, es preciso dilucidar, por ejemplo, si la vacunación forzosa se justifica con base en el «bien» o en el «interés» de la persona afectada, o puede legitimarse incluso por razones de necesidad vinculada a la salud pública. Esto último es lo que sucede, por ejemplo, en Estados Unidos, desde la sentencia del Tribunal Supremo *Jacobson v. Massachusetts* de 1905.[137] En efecto, desde aquella resolución ha quedado establecido, de modo no exento de críticas, que las leyes estatales de vacunación coactiva son constitucionales si resultan «*necessary for the public health or the public safety*».[138] Ello es así en el plano constitucional, con independencia de que, en

---

137. *Jacobson v. Massachusetts*, 197 U.S. 11 (1905): «*in every well ordered society charged with the duty of conserving the safety of its members the rights of the individual in respect of his liberty may at times, under the pressure of great dangers, be subjected to such restraint, to be enforced by reasonable regulations, as the safety of the general public may demand*».

138. A favor, por ejemplo, *J. Flanigan*, A Defense of Compulsory Vaccination, HEC Forum 26 (2014), pp. 5 ss.; en cambio, crítico, *U. Steinhoff*, The Case Against Compulsory Vaccination, J Med Ethics 2024, pp. 1 ss. (pre-impresión consultada el 30 de octubre de 2024)

la práctica, no se vacune de modo forzoso a nadie, sino
que se imponen sanciones de multa a quienes se oponen
a ser vacunados, lo que da lugar a un sistema de vacunación «obligatoria», pero no «forzosa».[139] O bien, en el caso
de los niños no vacunados por la negativa de sus padres,
se les impide el acceso a la escuela, lo que es expresión de
un sistema de vacunación «condicionante».[140] Desde luego,
en este punto —de modo adicional— pueden ser muy relevantes las consideraciones de subsidiariedad, en la medida en que, en lugar de la intervención coactiva en la integridad física mediante la vacunación o el tratamiento
médico correspondiente, sea posible recurrir a un aislamiento o internamiento de la persona en cuestión.

En España, en todo caso, la situación es distinta. Ciertamente, existen precedentes de vacunación condicionante e incluso obligatoria.[141] Sin embargo, en la actualidad
existe amplio acuerdo en que no hay base legal para que
un tratamiento médico se imponga de modo forzoso por
razones de riesgo para la salud pública.[142] Por lo tanto, en

---

139. Sobre las diversas modalidades de regulación jurídica de la vacunación, *J. Tornos Mas*, La vacunación obligatoria. Cuestiones jurídicas, Annals XI (2022), pp. 31 ss., 33 ss.

140. *Zucht v. King*, 260 U.S. 174 (1922). El sistema de vacunación condicionante operó en varios países con ocasión de la pandemia del COVID-19, en la medida en que se exigía un certificado de vacunación (o un test con resultado ne-
gativo) para acceder a determinados lugares.

141. Así, en el caso de vacunación infantil resuelto por la STSJ Andalucía de 22
de julio de 2013, citada por *C. Cierco Sieira*, La vacunación contra la COVID-19
y sus principales debates jurídicos, AFDUAM extraordinario 2021, pp. 309 ss.,
326. La STEDH de 8 de abril de 2021 (Vavřička y otros c. República Checa) estimó conforme con el Convenio una disposición de vacunación condicionante/
obligatoria de niños.

142. El art. 9.2. a) de la Ley 41/2002, de autonomía del paciente, dispone: «Los
facultativos podrán llevar a cabo las intervenciones clínicas indispensables en
favor de la salud del paciente, sin necesidad de contar con su consentimiento,
en los siguientes casos: a) Cuando existe riesgo para la salud pública a causa de

este caso, el estado de necesidad constituye un medio de afrontar aquellas «colisiones internas» no susceptibles de resolución de otro modo. En concreto, los casos en los que el paciente carece de la capacidad de pronunciarse sobre el tratamiento vital mediante un consentimiento expreso y tampoco cabe recurrir al consentimiento presunto.[143] En efecto, la legislación española médico-sanitaria, una vez sentado el criterio general del consentimiento informado y libre del paciente, añade que los facultativos pueden llevar a cabo las intervenciones clínicas indispensables a favor de la salud del paciente, aunque no cuenten con su consentimiento, «cuando existe riesgo inmediato grave para la integridad física o psíquica del enfermo y no es posible conseguir su autorización, consultando, cuando las circunstancias lo permitan, a sus familiares o a las personas vinculadas de hecho a aquél».[144] Ciertamente, el criterio rector del consentimiento otorgado por un familiar o un representante ha de ser el «mayor beneficio para la vida o salud del paciente» representado.[145] Además, en la medida de lo posible, se debe tener en cuenta también la opinión de este.[146] Pues bien, en el caso de que los representantes

---

razones sanitarias establecidas por la Ley. En todo caso, una vez adoptadas las medidas pertinentes, de conformidad con lo establecido en la Ley Orgánica 3/1986, se comunicarán a la autoridad judicial en el plazo máximo de 24 horas siempre que dispongan el internamiento obligatorio de personas». Sin embargo, este precepto no ha sido desarrollado legislativamente, de modo que resulta inaplicable.

143. Sobre esta relación de subsidiariedad, *J.L. Schmitz*, Rechtfertigender Notstand bei internen Interessenkollisionen, 2013, pp. 137 ss.

144. Art. 9.2.b) de la Ley 41/2002.

145. Art. 9.6 de la Ley 41/2002.

146. Art. 9.7: «La prestación del consentimiento por representación será adecuada a las circunstancias y proporcionada a las necesidades que haya que atender, siempre en favor del paciente y con respeto a su dignidad personal. El paciente participará en la medida de lo posible en la toma de decisiones a lo largo del proceso sanitario. Si el paciente es una persona con discapacidad, se le ofre-

pretendan adoptar una decisión contraria al criterio del beneficio del representado, el texto legal español prevé dos métodos subsidiarios: (i) el de ponerla «en conocimiento de la autoridad judicial, directamente o a través del Ministerio Fiscal, para que adopte la resolución correspondiente»; y (ii), si esta autorización no fuera posible por razones de urgencia, «los profesionales sanitarios adoptarán las medidas necesarias en salvaguarda de la vida o salud del paciente, amparados por las causas de justificación de cumplimiento de un deber y de estado de necesidad».[147] En este punto es preciso recordar la decisión de la STC 38/2023, de 20 de abril, que avaló la vacunación del COVID-19 de una paciente ingresada en una residencia de ancianos y enferma de Alzheimer. En efecto, ante la oposición de su hijo y tutor legal a que fuera vacunada, los gestores de la residencia geriátrica recurrieron a la autoridad judicial, que ordenó la vacunación. Eso sí, no por razones de salud pública, dado el carácter infectocontagioso de la enfermedad, sino ponderando los riesgos y los beneficios sanitarios y sociales de la vacuna, y atendiendo al mayor bien para la paciente.

---

cerán las medidas de apoyo pertinentes, incluida la información en formatos adecuados, siguiendo las reglas marcadas por el principio del diseño para todos de manera que resulten accesibles y comprensibles a las personas con discapacidad, para favorecer que pueda prestar por sí su consentimiento».
147.   Así, los mencionados arts. 9.2. b) y 9.6.

3. LA INJERENCIA DE UN PARTICULAR —EN ESTADO DE NECESIDAD AGRESIVO PROPIO O AJENO— EN LA INTEGRIDAD FÍSICA DE UN TERCERO

Lo mencionado a propósito del personal sanitario se podría extender a casos de actuaciones de particulares sin tal cualificación profesional. Así, en el contexto de una «colisión interna» de un sujeto incapaz de consentir, cualquier tercero podría —en auxilio necesario— mutilarle un miembro para salvarle la vida. Ahora bien, salvo en este caso, el estado de necesidad no puede justificar la afectación de bienes ajenos intrínsecos, ni siquiera para salvaguardar bienes jurídicos propios o de otra persona de superior valor. La razón de ello viene dada por la exigencia de respeto a la dignidad ajena, que constituye un límite infranqueable. Ciertamente existe una opinión contraria, que admite que el estado de necesidad propio o ajeno justifique la producción en un tercero de «una fractura o una lesión intensa sin riesgo vital ni secuelas considerables».[148] Incluso otra posición, a la que se alude después, que admite la licitud de la producción de lesiones graves, e incluso de la muerte de un sujeto, para salvar la vida de otro o de varios. Sin embargo, la conclusión dominante es que, salvo en los casos excepcionales de los conflictos o colisiones internas, ninguna lesión corporal puede quedar justificada por estado de necesidad agresivo.[149]

---

148.   Por ejemplo, entre otros, *J. Wilenmann*, La justificación de un delito en situaciones de necesidad, 2017, pp. 612 ss., 614, por tratarse de afectaciones biográficas menos relevantes. El caso límite es probablemente el de la extracción coactiva de sangre de una persona, para salvar la vida de otra.
149.   *G. Jakobs*, Strafrecht. AT, 2ª, 1991, 13/25.

V.

EL HOMICIDIO O LA LESIÓN DE LA DIGNIDAD HUMANA EN ESTADO DE NECESIDAD

1. SU ILICITUD EN LOS CASOS DE ESTADO DE NECESIDAD PARTICULAR

1.1. Planteamiento: *«Justos et innocentes, cum eorum vita bonum commune conservet atque promoveat, nullo pacto occidere licet»*[150]

Como afirmó Santo Tomás de Aquino, en ningún caso es lícito matar a justos e inocentes, puesto que su vida conserva y promueve el bien común.[151] De este modo, pone de relieve cuál es el límite de la admisión de la justifica-

---

150. *Tomás de Aquino*, Suma Teológica, II. 2., qu. 64 a. 6.
151. En cambio, sí puede ser lícito matar a malhechores o a enemigos de la república. *Tomás de Aquino*, Suma Teológica, I. 2., qu. 100 a.: *«Lex autem humana hoc concedere non potest, quod licite homo indebite occidatur. Sed malefactores occidi vel hostes reipublicae, hoc non est indebitum. Unde hoc non contrariatur praecepto decalogi; nec talis occisio est homicidium, quod praecepto decalogi prohibetur.*
Occisio peccatoris fit licita per comparationem ad bonum commune, quod per peccatum corrumpitur, vita autem justorum est conservativa et promotiva boni communis, quia ipsi sunt principalior pars multitudinis. Et ideo nullo modo licet occidere innocentem».

ción por estado de necesidad: la imposibilidad de ubicar la conducta necesaria en el marco del bien común político. En efecto, la tradición clásica había partido de que la muerte del inocente nunca puede ser lícita; tampoco en estado de necesidad. Cuestión distinta es que el sujeto pueda quedar exento de pena, por indulgencia. En este contexto tuvo lugar un famoso caso británico. En 1884 un yate inglés —el *Mignonette*— naufragó. Sus cuatro tripulantes se salvaron, pero, al cabo de unas semanas de supervivencia en un bote, y acuciados por el hambre, dos de los marineros —*Dudley* y *Stephens*—, mataron al grumete Parker —ya enfermo— dada la necesidad de alimentarse con su carne.[152] Ello permitió que Dudley, Stephens y Brooks, el tercer marinero que no mató al grumete, pero sí comió de su carne, sobrevivieran. Sin embargo, su necesidad se estimó irrelevante, de modo que los homicidas fueron condenados a muerte por la *Queens Bench Division* de la *High Court* inglesa, aunque finalmente se les concedió un indulto parcial.

En cambio, en la tradición germánica del siglo XIX se había discutido, hasta la aprobación en 1900 de la cláusula de estado de necesidad del Código civil (§ 904 BGB), una solución distinta. En efecto, las denominadas «doctrinas unitarias en el injusto»[153] sostenían la licitud de la conducta realizada en estado de necesidad siempre que el mal causado fuera menor o igual que el que se trataba de evitar. Esto implicaba la justificación penal de conductas de lesión corporal de terceros para salvar la vida de otro, de conductas homicidas para tal salvaguarda de la vida de otro y, *a fortiori*, el homicidio de una para salvar a varias

---

152. *Regina v. Dudley and Stephens* (1884) 14 QBD 273.
153. Que todavía cuentan con seguidores en España.

personas.[154] Todo ello, con independencia de si la vida que se pretendía salvar era la propia, la de una persona cercana o la de un tercero por completo ajeno a quien actuara. El civilista Josef Kohler lo expresaba de un modo claro, que reproduzco en esta larga cita, dada su plasticidad no solo jurídica: «Se ha dado por supuesto que, dado que la vida de uno es igual a la del otro, debe decidir el punto de vista subjetivo, según el cual cada uno tiene derecho a tratar su vida como infinitamente superior a la del otro. Esta idea no carece de cierta justificación y a menudo ha guiado la legislación; pero es inadecuada y ha conducido a la inadmisible restricción de que tal derecho de necesidad solo se da cuando se trata de preservar la propia vida, a la que entonces se equipara por especial favor la vida de los parientes. ¿Qué ocurre si no es a mí o a mi pariente a quien hay que salvar de este modo, sino a mi amigo o conocido, o a alguien que está especialmente cerca de mi corazón por alguna otra razón? ¿No se debería permitir salvar a un Goethe cuando su vida entra en colisión con la de un indio?».[155] La conclusión de Kohler estaba clara. En efecto, «si dos personas actúan en emergencia jurídica y el ordenamiento jurídico no encuentra razones para favorecer a una sobre la otra, entonces el ordenamiento jurídico debe ceder ante el orden natural y coronar al vencedor».[156]

---

154. *J. Kohler*, ARWP 8 (1915), p. 434: «¿Es íntimamente sano, y por tanto adecuado a nuestros sentimientos, declarar que quien se ayuda como puede en la mayor necesidad de la vida actúa ilegalmente y únicamente está exento de castigo? No, y dos veces no. Una voz interior nos dice: puedes hacerlo; quien actúa en una emergencia está actuando dentro de su autoridad. Puede actuar así, aunque sea el moralista más estricto: puede justificarlo ante el tribunal de la moral».
155. *J. Kohler*, ARWP 8 (1915), p. 431.
156. *J. Kohler*, ARWP 8 (1915), p. 433.

1.2. Las abundantes posiciones divergentes

La posición mencionada no se ha impuesto en Alemania, sino que en tales casos se aprecia la exculpación del sujeto, siempre que se pueda afirmar que abstenerse de actuar le sería inexigible. En cambio, la justificación del homicidio cometido por un particular para salvar otra vida, o varias vidas, es objeto de un debate vivo, singularmente en España y en el mundo angloamericano.[157] Así, por ejemplo, un sector doctrinal considera lícita la conducta de echar a varios náufragos de la barcaza con sobrepeso, para salvar al resto, pues de lo contrario la barca se hundiría y no se salvaría ninguno. O bien la de cortar la cuerda que sujeta a uno de los escaladores, que ha perdido agarre en el pie y queda colgando de la pared, siéndole imposible asirse a la roca y comprometiendo la supervivencia de sus compañeros; o la de separar a dos gemelos siameses, matando al más dependiente —que compromete la vida de los dos— para salvar al más autónomo; o, por poner un cuarto ejemplo, la de desconectar a un enfermo de COVID-19 de un respirador para conectar a otro con mayores expectativas de supervivencia.[158] Ciertamente, respecto a estos supuestos la pretendida declaración de licitud de la conducta se trata de sostener desde posiciones y con argumentos muy diversos. Ello impide efectuar aquí una valoración conjunta de ellos.

---

157. A favor de la justificación, entre otros muchos, *M. Sánchez Dafauce* Sobre el estado de necesidad existencial, 2016, p. 267; *J. Wilenmann*, Imponderabilidad de la vida humana y situaciones trágicas de necesidad, InDret 1/2016, pp. 1 ss., 27 ss.

158. Sobre ella, críticamente, *I. Coca Vila*, Triaje y colisión de deberes jurídico-penal. Una crítica al giro utilitarista, InDret 1/2021, pp. 166 ss., 174, 179; *el mismo,* La justificación penal de la desconexión letal de aparatos médicos, RP 49 (2022), pp. 7 ss., 11 ss., 14 ss.

Una estructura especialmente discutida es la del «caso del guardagujas»,[159] un «ejemplo de cátedra» inicialmente debatido en Alemania, que se popularizó luego, a partir de su tratamiento en la filosofía moral angloamericana bajo la denominación del «caso del tranvía».[160] Ciertamente, también se han construido múltiples variantes de aquel caso. Con todo, su versión estándar es la siguiente: un tren de mercancías va a chocar con un tren lleno de pasajeros que se halla detenido —con el riesgo de que mueran muchos de los ocupantes de este último—. Así las cosas, un guardagujas desvía aquel tren a una vía muerta, en la que están trabajando unos pocos operarios, que fallecen arrollados por el tren desviado.

Sin dejar de sostener la ilicitud de la conducta, Hans Welzel propuso el recurso a un «estado de necesidad supralegal exculpante», para eximir de pena en algunos de estos casos.[161] En concreto, los requisitos de su propuesta eran tres: (i) que se tratara del único medio disponible; (ii) que se produjera un mal menor; y (iii) que se obrara con motivación salvadora. De este modo, proponía, aunque no de modo explícito, una variante de la argumentación de la Escolástica conocida como «doctrina del doble efecto» —a la que se aludirá más adelante—.[162] Con todo, lo relevante

---

159   En el original: «*Weichensteller-Fall*»: *H. Welzel*, Zum Notstandsproblem, ZStW 63 (1951), pp. 48 ss., 51 ss.

160.   En el original: «*trolley-problem*»: *J.J. Thompson*, The Trolley Problem, Yale L.J. 94 (1985), pp. 1395 ss.

161.   *H. Welzel*, ZStW 63 (1951), pp. 51 ss.; *el mismo*, Strafrecht. AT, 11ª ed., 1969, pp. 184-185.

162.   Crítico, *C. Roxin*, Strafrecht. AT, I, 4ª, 2006, 22/158, 22/160: «El propio intento de corregir el destino a costa de un sujeto ajeno al conflicto perturbaría la paz jurídica. Por eso, debe ser impedido mediante la pena». Sin embargo, en casos límite admite la exclusión supralegal de la responsabilidad en casos de tortura o en casos como el del derribo de aviones: *C. Roxin*, Der Abschuss gekaperter Flugzeuge zur Rettung von Menschenleben, ZIS 2011, pp. 552 ss.

de su propuesta es subrayar que el comportamiento no está justificado, sino que es antijurídico, de modo que, aunque el sujeto activo quede exento de pena, el afectado u otros terceros que obren en su favor pueden repeler la conducta de aquel.[163]

2. LA ILICITUD DE SU AFECTACIÓN POR LOS ÓRGANOS ESTATALES, EN ESTADO DE NECESIDAD PÚBLICO

Ya antes se aludió a la cláusula de estado de necesidad del Estado del art. 15 CEDH. Ahora conviene reiterar que el apartado 2. del referido artículo establece categóricamente que en ningún caso quedan derogados ni el derecho a la vida —salvo en caso de guerra—,[164] ni la prohibición de la tortura o la esclavitud, ni el derecho a la legalidad penal. Igualmente, en España, los estados constitucionales de excepción y de sitio tampoco admiten la suspensión del derecho a la vida, a la integridad física y a la integridad moral por razones de necesidad pública.[165]

Desde luego, la guerra es efectivamente un ámbito distinto, con su propio régimen jurídico, el denominado Derecho internacional humanitario o de los conflictos armados.[166] Así, por un lado, en este ámbito es lícito matar al

---

163. Así, *R. Robles Planas,* En los límites de la justificación, LH Mir Puig, 2010, pp. 455 ss., 466 ss., 469.

164. Cfr. la STEDH de 27 de septiembre de 1995 (McCann y otros c. Reino Unido), que condenó al Reino Unido por la muerte de miembros del IRA producida en Gibraltar por soldados del ejército británico.

165. Además, tampoco la libertad religiosa, ni el honor y la intimidad personal y familiar (sí la domiciliaria).

166. Sobre las diversas dimensiones de la necesidad, *J.D. Oblin/L. May*, Necessity in International Law, 2016.

combatiente enemigo, sin necesidad de que esté atacando o vaya a hacerlo de modo inminente; es más, hacerlo constituye un deber. Por otro, cualquier operación militar realizada conforme a los términos del *ius in bello* puede producir lícitamente incluso la lesión de la vida o la integridad física de sujetos no combatientes. La condición de tal licitud es que dichas lesiones a sujetos pertenecientes a la población civil tengan lugar como efectos colaterales y cumplan con los requisitos de la «doctrina del doble efecto».[167] Ahora bien ¿qué sostiene esta doctrina?

Un ejemplo clásico de su aplicación lo hallamos ya en el siglo XVI, a propósito del caso de los navíos turcos que asolaban las costas españolas. A este respecto, Luis de Molina, el famoso jurista-teólogo de la Escuela de Salamanca, sostuvo que, «aunque se sepa que en las naves turcas hay remeros cristianos, es preciso atacarlas a cañonazos para hundirlas y luchar contra ellas, aunque se advierta que así los remeros morirán a una con los turcos».[168] Como se advierte, los requisitos de la licitud de tal conducta son que el sujeto activo no pretenda el resultado lesivo colateral del que se trate, sino que este se produzca más allá de su intención —*praeter intentionem*—; que la realización de la conducta defensiva lícita haga necesario asumir, como efec-

---

167. *H. Maihold,* Die Tötung des Unschuldigen, insbesondere im Krieg, Ancilla Iuris 2007, pp. 1 ss.; *J.D. Ohlin*, Targeting and the Concept of Intent, Michigan Journal of International Law 35 (2013), pp. 79 ss.; *J.J. García Norro,* El principio del doble efecto en el *ius in bello,* Scripta Theologica 46 (2014), pp. 307 ss.

168. *Luis de Molina* (1536-1600): «*Quando in triremibus Turcarum scitur permixtos esse remiges Christianos, fas es mittere in eos globos bombardarum, quibus subvertantur, pugnareque adversus illas, esto intelligatur eiusmodi remiges una cum Turcis esse perituros*». Citado *apud* J. García Huidobro/A. Miranda Montecinos, Sobre la licitud de la destrucción de una aeronave agresora que lleva pasajeros inocentes, Revista de Derecho. Universidad Católica del Norte 20 (2013), pp. 351 ss., 355.

to colateral seguro o probable, la producción de tal resultado lesivo colateral; y que la producción de este último sea proporcionada al fin pretendido por el autor.[169]

De este modo, la doctrina del doble efecto ha amparado tradicionalmente supuestos de causación de efectos lesivos colaterales, siempre que estos se hallen unidos indisolublemente a la conducta lícita, sean necesarios, no resulten desproporcionados y que quien los produce se esfuerce en minimizarlos.[170] Este es el argumento central, que integra la noción de «necesidad militar» con las de distinción, humanidad y proporcionalidad. Desde esta perspectiva se analizan también, por ejemplo, los efectos colaterales mortales que se producen sobre los denominados escudos humanos involuntarios.

La cuestión es qué ocurre con la causación dolosa de la muerte de inocentes cuando no ha tenido lugar una declaración formal de guerra; y qué sucede en todo caso con la afectación de la integridad moral de las personas. En las últimas décadas, esto se ha discutido, ante todo, a propósito de dos supuestos de hecho acontecidos en Alemania. El primero de ellos es el «caso de la Ley de seguridad aérea». En efecto, el Tribunal Constitucional alemán, en su sentencia de 15 de febrero de 2006, tuvo que pronunciarse sobre la posibilidad, contemplada en dicha ley, del derribo de un avión secuestrado por terroristas, por parte de la fuerza aérea del Estado. Pues bien, con base en la prohibición kantiana de instrumentalización, concluyó que ello es ilícito, aunque fuera necesario para evitar el impacto ca-

---

169. A. *Miranda Montecinos*, El principio del doble efecto, 2014, pp. 59 ss., 62. En todo caso, el principio rector es que el bien perseguido «debe ser tanto mayor cuanto más seguro sea que se seguirá el efecto malo».

170. C. *Kreß/R. Lawless* (eds.), Necessity and Proportionality in International Peace and Security Law, 2020.

tastrófico del aparato contra una población, pues lesiona la dignidad de los pasajeros inocentes.[171] Es decir, se mantuvo en los mismos términos que establece el art. 15 CEDH.

En realidad, sin embargo, desde la perspectiva mencionada de la doctrina del doble efecto, en el caso del avión secuestrado cabe sostener que los rehenes no son instrumentalizados como medios para el fin de salvar a las personas que pueden sufrir el impacto del avión. En efecto, su muerte no es perseguida intencionalmente, sino que constituye un efecto colateral —indirecto— de la conducta de derribar el avión para poner fin a la agresión terrorista. Tal conducta, a su vez, constituye una legítima defensa de las personas que se encuentran expuestas a aquel impacto que, sin embargo, recae sobre un tercero inocente. Por lo tanto, el caso podría distinguirse de aquel en el que tiene lugar la producción intencional de la muerte de un inocente, aunque sea para salvar a muchas personas.[172] Ciertamente, en Derecho penal se ha tendido a equiparar las conductas intencionales con las que producen efectos colaterales de modo seguro o incluso probable. Sin embargo, cabe discutir si esta equiparación es correcta y, de he-

---

171. Críticos, aunque desde perspectivas distintas, con la tesis de la sentencia, *M. Pawlik*, § 14 Abs. 3 des Luftsicherheitsgesetzes – ein Tabubruch?, JZ 2004, pp. 1053 ss.; *G. Doménech Pascual,* ¿Puede un estado abatir un avión con inocentes a bordo para prevenir un atentado kamikaze?, RAP 2006, pp. 389 ss. Desde la perspectiva norteamericana, drástico, *J. D. Ohlin*, Michigan St. L. R. 2021, pp. 570 ss.

172. Con todo, la doctrina plantea dos problemas. El primero, que no siempre está claro si la muerte de un inocente constituye un fin perseguido por el sujeto activo —o un medio para tal fin— o, en cambio, solo un efecto colateral de la conducta de este. En efecto, en ocasiones, parece que ello depende del modo concreto en que se describe el supuesto de hecho. El segundo, que no da respuesta a la pregunta de si el inocente colateralmente afectado tiene derecho a la legítima defensa, ya sea propia o llevada a cabo por un tercero. En definitiva, si tiene un deber de tolerancia que aquí es, directamente, un deber de autoinmolación, no pudiendo repeler la conducta que conlleva su muerte.

cho, esta es actualmente objeto de discusión, desde luego, para los casos de conocimiento de la probabilidad de producción de un resultado colateral seguro.

El caso de la tortura es claramente distinto del de la causación indirecta de la muerte de inocentes. En efecto, sobre esta última, como se ha advertido, cabe discutir si es siempre lesiva de la dignidad; en concreto, podría no serlo cuando no es instrumentalizadora, sino que constituye un efecto colateral. En cambio, la tortura siempre es instrumentalizadora —cosificadora— y en ello radica su carácter esencialmente lesivo de la dignidad. Por eso la prohibición de la tortura estatal, como práctica lesiva de la dignidad humana, es probablemente la más absoluta de las que conocemos. A este respecto se aludía más arriba al Convenio Europeo de Derechos Humanos. En su texto se halla, en efecto, la fundamentación para que la STEDH de 30 de junio de 2008 (Gäfgen c. Alemania) declarara que «la tortura o un trato inhumano o degradante no pueden ser infligidos, ni siquiera cuando la vida de un individuo se halle en peligro. No existe ninguna excepción, ni siquiera en caso de amenaza pública hacia la vida de la nación». Ello coincide con el tenor del art. 2.2. de la Convención contra la tortura y otros tratos o penas crueles, inhumanos o degradantes, de 1984: «en ningún caso, podrán invocarse circunstancias excepcionales tales como estado de guerra o amenaza de guerra, inestabilidad política interna o cualquier otra emergencia pública como justificación de la tortura».[173]

---

173. Sobre todo esto, *M. Jahn*, Das Strafrecht des Staatsnotstandes, 2004.

3. LA PREVENCIÓN PERMANENTE DE LA EXCEPCIÓN (¿O EL ESTADO DE EMERGENCIA PERMANENTE?)

Precisamente por todo lo que se acaba de indicar, el Estado contemporáneo —un Estado denominado de la «seguridad» o de la «prevención», o, en términos psicológicos, un Estado «nervioso»— tiene como objetivo permanente el de evitar el «auténtico estado de excepción del Estado». Seguramente, ello parte de la extendida impresión de que, si llega la auténtica situación de excepción —paradigmáticamente, un ataque terrorista masivo—, no está claro que la mera declaración de un estado de excepción temporal-reactivo vaya a ser funcional para afrontarla.[174] Ahora bien, esto sitúa el núcleo de la actividad estatal en el plano del pronóstico, esto es, del hipotético «riesgo de estado de necesidad», y en la configuración progresiva, a base de una compleja sucesión de leyes, de un «estado de excepción anticipado» («*antizipierter Ausnahmezustand*»).[175] En definitiva, en la conformación de un estado de excepción permanente legalizado («*permanent-vergesetzlichter Ausnahmezustand*»).[176]

Uno de los muchos ejemplos de esta evolución viene dado, en España, por el contenido de la L.O. 7/2021, de 26 de mayo, de Protección de Datos Personales tratados para Fines de Prevención, detección, investigación y enjuiciamiento de infracciones penales y de ejecución de sanciones penales.[177] De hecho, lo relevante de esta ley es ya su

---

174. T.*Barczak* Der nervöse Staat, 2020, 376 ss,
175. *T. Barczak* (2020), pp. 349, 368 ss., pp. 459 ss.
176. *T. Barczak* (2020), pp. 384 ss. El autor propone un re-constitucionalización de este estado anticipado (pp. 630 ss.).
177. También, el R.D. 933/2021, de 26 de octubre, por el que se establecen las obligaciones de registro documental e información de las personas físicas o ju-

propio título. En efecto, este se centra en la «protección» de los datos sometidos a tratamiento por parte de las autoridades, cuando en realidad lo que sucede es que tal necesidad de protección es secundaria a la finalidad fundamental de la ley. Por su parte, esta última es la imposición de deberes ciudadanos de hacer, consistentes en la «aportación» de tales datos a aquellas autoridades. Si se lee con detenimiento, se advierte enseguida que el punto de partida de la ley se encuentra en su art. 7.2, relativo al deber de colaboración.[178] Esto es así porque, dejando al margen el art. 7.1., que se refiere al deber de aportación de datos a las autoridades judiciales, al ministerio Fiscal y a la Policía Judicial, lo que se añade en el apartado 2. es que cualquier persona física o jurídica debe aportar «los datos, informes, antecedentes y justificantes a las autoridades competentes que los soliciten, siempre que estos sean necesarios para el desarrollo específico de sus misiones para la prevención, detección e investigación de infracciones penales y para la prevención y protección frente a un peligro real y grave para la seguridad pública».

Como se advierte, se trata de datos referidos a terceras personas, que deben aportarse a la autoridad policial sin comunicar al afectado el hecho de que son entregados a aquella. Además, es fácil observar que la legitimidad de la

---

rídicas que ejercen actividades de hospedaje y alquiler de vehículos a motor, que finalmente ha entrado en vigor el 2 de diciembre de 2024.

178. «2. En los restantes casos, las Administraciones públicas, así como cualquier persona física o jurídica, proporcionarán los datos, informes, antecedentes y justificantes a las autoridades competentes que los soliciten, siempre que estos sean necesarios para el desarrollo específico de sus misiones para la prevención, detección e investigación de infracciones penales y para la prevención y protección frente a un peligro real y grave para la seguridad pública. La petición de la autoridad competente deberá ser concreta y específica y contener la motivación que acredite su relación con los indicados supuestos».

aportación obligatoria de tales datos, que afecta a derechos fundamentales de los ciudadanos, se sostiene con base en una finalidad genérica de «prevenir» un «peligro real y grave para la seguridad pública». Esto mismo es lo que legitima, en última instancia, la instalación de cualesquiera sistemas de grabación de imagen y sonido por parte de las Fuerzas y Cuerpos de Seguridad, así como el posterior tratamiento de los datos obtenidos (art. 15). En definitiva, la imposición de deberes de hacer y de soportar de contenido tan radical se justifica con base en la idea de evitar el riesgo de que surja, algún día, un estado de necesidad pública.

4. ¿PUEDE HABER UN «ESTADO DE EXCEPCIÓN» DEL ESTADO QUE APAREZCA COMO UNA «EXCEPCIÓN AL DERECHO»?

Es cierto que puede existir, sin previa declaración formal de guerra, un caso límite de peligro de desaparición de una comunidad política. A modo de ejemplo, algunos autores aluden a hipotéticos ataques terroristas en los que se recurra, por ejemplo, al uso de una bomba atómica de tiempo (la *«ticking-time-bomb»*). En un caso así, el descubrimiento o la desactivación de la bomba puede requerir que el Estado sacrifique intencionadamente la vida de algunas personas inocentes o torture a aquellas que, por alguna razón, poseen la información de dónde está ubicada. Entonces ¿puede llegar a ser conforme a Derecho, en tal caso límite, la lesión dolosa intencional y directa de la vida y de la integridad moral de ciudadanos inocentes por parte de las autoridades?[179] Todo parece apuntar a que aquí la necesidad se alza como una auténtica excepción, obligando a una lectura literal del aforismo *necessitas non habet legem* —es decir, que la necesidad no admite ninguna ley en absoluto—.

Entonces, la cuestión fundamental que se suscita es la de si estos casos límite deben ser juridificados.[180] Es decir, si procede una regulación jurídica de supuestos en los que «el Derecho se suspende a sí mismo». Una hipotética respuesta positiva plantea problemas no solo de forma (¿cómo?) sino, sobre todo, de contenido de dicha regulación. En concreto: ¿se está pensando realmente en determinar cuáles son las condiciones de la licitud del homicidio y de la tortura necesarias para que sobreviva la comunidad política?

Un sector no menor de la doctrina angloamericana sostiene que efectivamente aquí se alza un límite consecuencialista a cualquier consideración deontológica, que puede ser regulado.[181] La premisa de la que parte viene dada por la idea de que la Constitución no puede ser un pacto suicida, de modo que es preciso entender que legitima implícitamente aquellas conductas en las que la necesidad política tiene que primar sobre cualquier otra regla o principio.[182] Así, se indica que: «*For most legal systems —except for the Germans and their fanatical albeit inconsistent com-*

---

179. En España, *M. Sánchez Dafauce* (2016), pp. 416 ss., había propuesto la creación de una causa de justificación expresa para los casos de homicidio en evitación de masacres y catástrofes.

180. A favor de una juridificación, pero creo que sin tener en cuenta todos los casos límite, *L. Álvarez Álvarez*, Estado y derecho de excepción. La juridificación del principio la necesidad no conoce reglas, UNED. TRC 48 (2021), pp. 315 ss., 339.

181. Construyéndose así una «*threshold deontology*». Crítico, *L. Alexander*, Deontology at the Threshold, San Diego L. R. 37 (2000), pp. 893 ss.

182. *R. A. Posner*, Not a Suicide Pact: The Constitution in a Time of National Emergency, 2006.

mitment to human dignity— human dignity is inviolable except when it is violable».[183] Desde luego, esta última alusión (un tanto cínica) no es correcta, pues también en la doctrina alemana existen autores que consideran que la «decisión excepcional» debe ser juridificada. En concreto, que critican que lo políticamente necesario, cuando requiere un sacrificio drástico de ciudadanos, pueda verse como moralmente justificable, pero se mantenga como jurídicamente prohibido.[184] Expresado de otro modo, que rechazan que el Derecho se lave —a su juicio, hipócritamente— las manos, a la espera de que el poder ejecutivo (el «malo») haga lo que sea necesario para salvar la situación.[185]

Frente a lo anterior, la posición contraria —ampliamente representada en Alemania— sostiene que la intangibilidad de la dignidad humana es resistente a cualquier estado de necesidad. Así pues, cualquier acto estatal de lesión de la dignidad humana —por ejemplo, el sacrificio intencional y directo de un inocente— aunque sea necesario para salvar al Estado y el orden democrático, debe reputarse antijurídico e inconstitucional.[186] En definitiva, la conclusión es que no puede afirmarse que la *salus populi* sea siempre la *suprema lex*. La pregunta, entonces, es si ese acto estatal antijurídico puede ser legalizado *a posteriori* o, al menos, cabe excluir la sanción de quien lo lleve a cabo.

Ciertamente, una disposición así podría introducirse como regla límite en la propia Constitución.[187] Sin embargo, el problema radica en que la pretensión de regular la

---

183. *J. D. Oblin*, Michigan St. L. R. 2021, p. 593.
184. *O. Depenheuer* Selbstbehauptung des Rechtsstaates, 2007, pp. 75 ss.
185. *O. Depenheuer* (2007), pp. 33-34.
186. *A.-B. Kaiser*, Ausnahme-verfassungsrecht, 2020, p. 343.
187. Describiendo el modo, *A.-B. Kaiser* (2020), pp. 354 ss., 360. Un modelo teórico contemporáneo en este sentido es el de *O. Gross*, Chaos and Rules: Should

excepción drástica al Derecho la hace «menos excepcional»; en cierto modo, la convierte en regla del Derecho. Por tanto, para que la excepción siga siendo realmente excepcional, lo coherente es no regularla. Ahora bien, ello no debe significar su abandono a una facticidad entendida en el sentido de un espacio libre de Derecho.[188] Por el contrario, obliga a que en tales situaciones de absoluta excepción sea el dirigente político el que tenga que estar dispuesto a cargar con la decisión trágica (antijurídica) sobre sus hombros, sin poder apelar al Derecho.[189] De este modo, revistiéndose de la condición de quien protege la Constitución y las leyes desde fuera, y afrontando la dimensión estrictamente decisional (y no aplicativa) de su actuación, puede asumir su responsabilidad jurídica al tiempo que esgrime su heroicidad política. Ello, a la espera de que la comunidad política salvada adopte alguna forma de indulgencia *ex post*.[190] En cierto modo, ello no es sino efectuar una lectura distinta de la famosa definición de Carl Schmitt, según la cual el «soberano es quien decide sobre el estado de excepción».[191] Decide, sí, hasta el punto de decidir arrostrar las consecuencias de su decisión antijurídica. Por eso, es manifiestamente antijurídica la sentencia de Caifás: «es preferible que muera un solo hombre por el pueblo, a que toda la nación sea destruida».[192] En realidad, es

---

Responses to Violent Crisis Always Be Constitutional?, Yale L. J. 112 (2003), pp. 1011 ss.

188. En cambio, *G. Jakobs*, Kaschierte Ausnahme: übergesetzlicher entschuldigender Notstand, FS Krey, 2010, pp. 207 ss., 216-217, había sostenido que en estos casos se da una crisis de Estado, que se resuelve al margen de la juridicidad.

189. *A.-B. Kaiser* (2020), p. 361.

190. Ciertamente, ello no cuadra con la doctrina de los tribunales internacionales de derechos humanos relativa a que los delitos contra los derechos humanos son inamnistiables e inindultables.

191. *C. Schmitt*, Teología política, 2009, p. 13.

192. Jn. 11, 45/47

la mayor injusticia imaginable y, además, al no salvar a la nación de ser destruida, tampoco parece que merezca indulgencia política alguna.

Desde luego, a quien se arroga la condición de salvador de la *res publica* matando o torturando a inocentes, debe exigírsele la disposición a soportar por ello algún sacrificio personal. De lo contrario, quizá habría que objetarle el contenido, pensado para otro contexto, del verso «*Dulce et Decorum est*», de Wilfred Owen (1893-1918):

> «My friend, you would not tell with such high zest
> To children ardent for some desperate glory,
> The old Lie: *Dulce et decorum est*
> *Pro patria mori*».[193]

---

193. En amarga crítica a la repetición *ad nauseam* de la cita clásica contenida en las Odas de Horacio (Libro III. Poema 2.): «*Dulce et decorum est pro patria mori:/mors et fugacem persequitur virum/nec parcit inbellis iuventae/poplitibus timidove tergo*».

VI.

CONCLUSIONES

1. Los ciudadanos no solo tienen derechos subjetivos, sino también deberes jurídicos generales. A su vez, estos últimos no solo son deberes de omitir, sino también de soportar y de hacer. Una fuente relevante de tales deberes es la aparición de un estado de necesidad derivado de una situación de peligro para otra persona o para la colectividad. Con todo, el estado de necesidad constituye siempre una *ultima ratio,* sujeta a requisitos de inmediatez del peligro, así como de subsidiariedad, proporcionalidad y temporalidad de la conducta que genera el deber del ciudadano. Por lo demás, los daños causados en estado de necesidad tienen que ser reparados.

2. Los deberes de soportar afectaciones de la propiedad en un estado de necesidad son los menos discutibles, aunque recientemente se hayan dado casos problemáticos. Sin embargo, en ciertas situaciones de necesidad se generan también deberes jurídicos de soportar afectaciones de la libertad y de la intimidad, que son derechos fundamentales. Algunos de estos deberes, de especial intensidad, se refieren a soportar internamientos forzosos. Además, existen situaciones en las que se imponen deberes de hacer,

esto es, prestaciones personales obligatorias, cuya omisión puede llegar a sancionarse; en algunos casos, incluso penalmente. También en estos casos debe procederse a la reparación del daño, aunque al respecto existen matices.

3. En los casos de afectación de derechos fundamentales, la necesidad pública (emergencias sanitarias, catástrofes, pero también meros estados de necesidad policial), avala injerencias más invasivas que las que se suelen admitir a propósito de la necesidad particular, a pesar de que los presupuestos de aquella son más difusos y las injerencias no siempre pueden explicarse en términos de proporcionalidad. En algunos de estos casos, pero no en todos, las mayores exigencias de legitimación formal *ex ante* compensan, supuestamente, esa mayor incidencia.

4. Sentado lo anterior, cabe afirmar que existen tres «leyes de necesidad», regidas por el principio superior de la salvaguarda del bien común político:
Primera. Bajo las condiciones del estado de necesidad es lícito injerirse en la propiedad ajena e incluso en la esfera ajena de derechos de libertad e intimidad para proteger bienes intrínsecos y también para salvaguardar el orden o la seguridad públicos. En algunos casos, resulta lícita incluso la afectación de la integridad física. Estos son los de las colisiones internas o, en algunos países, los de la protección de la salud pública.
Segunda. Bajo las condiciones del estado de necesidad, no es nunca lícito lesionar intencionalmente la vida, ni con el fin de salvar un bien intrínseco de quien actúa o de un tercero, ni para proteger la seguridad o el orden públicos. Quedan al margen de esta consideración los supuestos de efectos colaterales en los términos de la doctrina del doble efecto.

Tercera. No es lícita la conducta del responsable público que mata u ordena matar intencionalmente o torturar a otro, ni siquiera en el caso extremo de un riesgo existencial para la comunidad política. Tal sujeto tampoco puede quedar exento de sanción *ex ante*. En su caso, la comunidad a la que haya salvado puede adoptar alguna medida de indulgencia en relación con él.

BIBLIOGRAFÍA

L. Alexander, Deontology at the Threshold, San Diego L. R. 37 (2000), pp. 893 ss.

L. Álvarez Álvarez, Estado y derecho de excepción. La juridificación del principio la necesidad no conoce reglas, UNED. TRC 48 (2021), pp. 315 ss.

F.J. Álvarez García, Estado de alarma o de excepción, EPC XL (2020), pp. 1 ss.

V. Álvarez García, El concepto de necesidad en Derecho Público, 1996

— *el mismo,* Los fundamentos del derecho de necesidad en tiempos de la Covid-19, UNED.TRC 48 (2021), pp. 297 ss.

Tomás de Aquino, Suma Teológica, 1265-1274

T. Barczak, Der Notstand im Recht der Gefahrenabwehr, Die Verwaltung 49 (2016), pp. 157 ss.

— *el mismo,* Der nervöse Staat, 2020

A. F. Berner, De impunitate propter summam necessitatem proposita, 1861

C. Binder, Die Grenzen der Vertragstreue im Völkerrecht – am Beispiel der nachträglichen Änderung der Umstände, 2013.

C. Céspedes Muñoz/J. Escobar Veas/P. Mendoza-Alonzo, Las consecuencias civiles del estado de necesidad justificante en Chile. Revista Chilena de Derecho y Ciencia política, 13 (2022), pp. 45 ss.

C. Cierco Sieira, La vacunación contra la COVID-19 y sus principales debates jurídicos, AFDUAM extraordinario 2021, pp. 309 ss.

I. Coca Vila, Triaje y colisión de deberes jurídico-penal. Una crítica al giro utilitarista, InDret 1/2021, pp. 166 ss.

— *el mismo,* La justificación penal de la desconexión letal de aparatos médicos, RP 49 (2022), pp. 7 ss.

— *el mismo,* Ocupación pacífica de vivienda en estado de necesidad, en: Libro Homenaje al Profesor Reyes Echandía, 2022, pp. 551 ss.

J. Córdoba Roda/G. Rodríguez Mourullo, Comentarios al Código penal, I, 1972

P. Cruz Villalón, El nuevo Derecho de excepción, REDConst 1 (1981), pp. 93 ss.

O. Depenheuer Selbstbehauptung des Rechtsstaates, 2007, pp. 75 ss.

K. de la Durantaye, Von Schiffen, Stürmen, Stegen und Schäden: Der Schadensersatzanspruch im Fall des aggressiven Notstands in Deutschland und den USA, RabelsZ 78 (2014), pp. 71 ss.

G. Doménech Pascual, ¿Puede un estado abatir un avión con inocentes a bordo para prevenir un atentado kamikaze?, RAP 2006, pp. 389 ss.

— *el mismo*, Responsabilidad patrimonial del Estado y Covid-19, AFDUAM Extraordinario (2021), pp. 293 ss.

— *el mismo*, Dogmatismo contra pragmatismo (Dos maneras de ver las restricciones de derechos fundamentales impuestas con ocasión de la Covid-19), InDret 4/2022, pp. 345 ss.

G. Erikssen, Die besonderen Sicherungsmaßnahmen in der öffentlich-rechtlichen Unterbringung, 2024

J. Feinberg, Voluntary Euthanasia and the Inalienable Right to Life, Philosophy and Public Affairs 7 (1978), pp. 93 ss.

— *el mismo,* Rights, Justice and the Bounds of Liberty, 1980

T.R. Fernández Rodríguez, El derecho de excepción, Eunomia 25 (2023), pp. 131 ss.

J. G. Fichte, Grundlage des Naturrechts, 2. Theil, 1797

J. Flanigan, A Defense of Compulsory Vaccination, HEC Forum 26 (2014), pp. 5 ss.

J. García Huidobro/A. Miranda Montecinos, Sobre la licitud de la destrucción de una aeronave agresora que lleva pasajeros inocentes, Revista de Derecho. Universidad Católica del Norte 20 (2013), pp. 351 ss

J.J. García Norro, El principio del doble efecto en el *ius in bello,* Scripta Theologica 46 (2014), pp. 307 ss.

M. García-Ripoll, Ilicitud, culpa y estado de necesidad. Un estudio de responsabilidad extracontractual en los Códigos penal y civil, 2006

L. Greco, Ausnahmezustand, Beamter, Bürger, ZRph 6 (2022-2023), pp. 89 ss.

O. Gross, Chaos and Rules: Should Responses to Violent Crisis Always Be Constitutional?, Yale L. J. 112 (2003), pp. 1011 ss.

G. Helmers, Möglichkeit und Inhalt eines Notstandrechts, 2016

C. Hillgruber, Der Schutz des Menschen vor sich selbst, 1992

M. C. Hoelck Thjoernelund, State of Necessity as an Exemption from State Responsibility for Investments, en: von Bogdandy/Wolfrum (eds.), Max Plack Yearbook of United Nations Law 13 (2009), pp. 423 ss.

M. Hollands, Gefahrenzurechnung im Polizeirecht, 2005

M. Jahn, Das Strafrecht des Staatsnotstandes, 2004

G. Jakobs, Strafrecht. AT, 2ª, 1991

el mismo, Kaschierte Ausnahme: übergesetzlicher entschuldigender Notstand, FS Krey, 2010, pp. 207 ss.

— *el mismo*, System der strafrechtlichen Zurechnung, 2012

St. Kadelbach, Menschenrechte in Zeiten des Notstands, en: Donath/Heger/Malkmus/Bayrak (Hrsg.), Der Schutz des Individuums durch das Recht. Festschrift für Rainer Hofmann zum 70. Geburtstag, 2023, pp. 255 ss.

A.-B. Kaiser, Ausnahme-verfassungsrecht, 2020

I. Kant, Die Metaphysik der Sitten, 2. edic., 1798

G. Keating, Property Right and Tortious Wrong in Vincent v. Lake Erie, Issues in Legal Scholarship, 2005, Art. 6.

C. Kreß/R. Lawless (eds.), Necessity and Proportionality in International Peace and Security Law, 2020

M. Köhler, Strafrecht. AT, 1997

— *el mismo*, Recht und Gerechtigkeit, 2017

J. Kohler, Not kennt kein Gebot: die Theorie des Notrechtes und die Ereignisse unserer Zeit, 1915 *el mismo*, Das Notrecht, ARWP 8 (1915), pp. 411 ss.

D. Kuch, Freiheitsentziehung, 2023

K. Kühl, Freiheit und Solidarität bei den Notrechten, Festschrift f. H.J. Hirsch, 1999, pp. 259 ss.

W. Küper, Immanuel Kant und das Brett des Karneades, 1999

J. Le Mauff, Un cas d'appropriation temporelle d'une doctrine canonique: l'argument de la necessitas comme justification de l'exception en matière fiscale, Le Moyen Age CXXVI (2020/1), pp. 83 ss.

A. K. Lintz, Pandemie und Staatshaftung, 2024

A. Lübbe, Wohnraumbeschaffung durch Zwangsmaßnahmen, 1993

H. Maihold, Die Tötung des Unschuldigen, insbesondere im Krieg, Ancilla Iuris 2007, pp. 1 ss.

S. Mir Puig, Problemas de estado de necesidad en el art. 8.7° CP, en: Estudios jurídicos en honor del profesor Octavio Pérez-Vitoria, I, 1983, pp. 501 ss.

A. Miranda Montecinos, El principio del doble efecto, 2014

N. Mirapeix Lacasa, Las ocupaciones de inmuebles por motivos de necesidad, RECPC 2018, 1 ss.

D. Murswiek, Schutzpflicht für das Leben und Schutz vor Lebensrisiken, ZRph 6 (2022-2023), pp. 75 ss,

J. Oberdiek, Lost in Moral Space: On the Infringing/Violating Distinction and its Place in the Theory of Rights, L&Ph 23 (2004), pp. 325 ss.

— *el mismo*, Specifying Rights Out of Necessity, OJLS 28 (2008), 127 ss.

J.D. Ohlin, Targeting and the Concept of Intent, Michigan Journal of International Law 35 (2013), pp. 79 ss.

— *el mismo*, Pandemics, Quarantines, Utility, and Dignity, Michigan St. L. R. 2021, pp. 541 ss.

J.D. Ohlin/L. May, Necessity in International Law, 2016

M. Pawlik, Der rechtfertigende Notstand, 2002

— *el mismo*, § 14 Abs. 3 des Luftsicherheitsgesetzes – ein Tabubruch?, JZ 2004, pp. 1053 ss.

J. Pereda, El hurto famélico o necesario, ADPCP 1964, pp. 5 ss.

R. A. Posner, Not a Suicide Pact: The Constitution in a Time of National Emergency, 2006

K. Reitzig, Die polizeirechtliche Beschlagnahme von Wohnraum zur Unterbringung Obdachloser, 2004

J. Renzikowski, Notstand und Notwehr, 1994

— *el mismo*, Entschuldigung im Notstand, JRE 11 (2003), pp. 269 ss.

— *el mismo*, Solidarität in Notsituationen. Ein historischer Überblick von Thomas v. Aquin bis Hegel, en: von Hirsch/Neumann/Seelmann (eds.), Solidarität im Strafrecht, 2013, pp. 13 ss.

R. Robles Planas, En los límites de la justificación, LH Mir Puig, 2010, pp. 455 ss.,

M. Rodríguez-Izquierdo Serrano, La vulnerabilidad frente a los desalojos forzosos de vivienda como tendencia constitucional, REDConst 130 (2024), pp. 49 ss.

L. Rösinger, Eingriffsprinzipien und Rechtfertigungsnarrative in der Pandemie, ZRph 6 (2022-2023), pp. 48 ss.

F. Roumy, L'origine et la diffusion de l'adage canonique Necessitas non habet legem (viiie–xiiie s.), en: W.P. Müller/ M.E. Sommar (eds.), Medieval Church Law and the Origins of the Western Legal Tradition. A Tribute to Kenneth Pennington, 2006, pp. 301 ss.

C. Roxin, Strafrecht. AT, I, 4ª, 2006

— *el mismo,* Der Abschuss gekaperter Flugzeuge zur Rettung von Menschenleben, ZIS 2011, pp. 552 ss.

M. Sánchez Dafauce Sobre el estado de necesidad existencial, 2016

C. Schmitt, Teología política, 2009

J.L. Schmitz, Rechtfertigender Notstand bei internen Interessenkollisionen, 2013

T. Seidel, Verantwortlichkeit Nichtverantwortlicher. Terminologie, Systematik und Legitimation des Gefahrenabwehrrechtlichen Notstandsinstituts, 2023

J.-M. Silva Sánchez, Sobre el estado de necesidad en Derecho penal español, ADPCP 1982, pp. 663 ss.

— *el mismo,* «*ex delicto*?» Aspectos de la llamada responsabilidad civil en el proceso penal, InDret 3/2001, pp. 1 ss.

R. Simons, Self-Defense, Necessity, and the Duty to Compensate in Law, San Diego L. R. 55 (2018), pp. 357 ss.

A. Slavny, Alon Harel on How to Deliberate Permissibly, CL&Phil 11 (2017), pp. 833 ss.

R. D. Sloane, On the Use and Abuse of Necessity in the Law of State Responsibility, The American Journal of International Law 106 (2012), pp. 447 ss.

U. Steinhoff, The Case Against Compulsory Vaccination, J Med Ethics 2024, pp. 1 ss. (pre-impresión consultada el 30 de octubre de 2024)

J.J. Thompson, The Trolley Problem, Yale L.J. 94 (1985), pp. 1395 ss.

— *la misma*, Rights, Restitution and Risk, 1986

J. Tornos Mas, La vacunación obligatoria. Cuestiones jurídicas, Annals XI (2022), pp. 31 ss.

F. Weber, Notstandskontrolle. Notstand und Beurteilungsspielraum in der Praxis des Europäischen Gerichtshofs für Menschenrechte, 2019

H. Welzel, Zum Notstandsproblem, ZStW 63 (1951), pp. 48 ss.

— *el mismo*, Strafrecht. AT, 11ª ed., 1969

J. Wilenmann, Imponderabilidad de la vida humana y situaciones trágicas de necesidad, InDret 1/2016, pp. 1 ss.

— *el mismo*, La justificación de un delito en situaciones de necesidad, 2017